多轮次融资对创业企业价值的影响研究

柯 迪 著

中国财经出版传媒集团
中国财政经济出版社

图书在版编目（CIP）数据

多轮次融资对创业企业价值的影响研究／柯迪著． --北京：中国财政经济出版社，2023.8
ISBN 978－7－5223－2332－9

Ⅰ.①多… Ⅱ.①柯… Ⅲ.①企业融资－影响－企业－价值论－研究－中国 Ⅳ.①F279.23

中国国家版本馆 CIP 数据核字（2023）第 117608 号

责任编辑：张晓丽　　　　　责任印制：刘春年
封面设计：孙俪铭　　　　　责任校对：张　凡

多轮次融资对创业企业价值的影响研究
DUOLUNCI RONGZI DUI CHUANGYE QIYE JIAZHI DE YINGXIANG YANJIU
中国财政经济出版社 出版

URL：http：//www.cfeph.cn
E－mail：cfeph@ cfeph.cn

（版权所有　翻印必究）
社址：北京市海淀区阜成路甲 28 号　邮政编码：100142
营销中心电话：010－88191522
天猫网店：中国财政经济出版社旗舰店
网址：https：//zgczjjcbs.tmall.com
北京财经印刷厂印刷　各地新华书店经销
成品尺寸：170mm×240mm　16 开　13 印张　207 000 字
2023 年 8 月第 1 版　2023 年 8 月北京第 1 次印刷
定价：68.00 元
ISBN 978－7－5223－2332－9
（图书出现印装问题，本社负责调换，电话：010－88190548）
本社质量投诉电话：010－88190744
打击盗版举报热线：010－88191661　QQ：2242791300

前　言

"取日新以图自强，去因循以厉天下"，科技强则国强，创业企业作为科技创新的主力军肩负着重要的责任。然而，在现实中创业企业的发展仍存在诸多困境，如资金短缺、管理团队经验不足和人才流失严重等，而其中资金不足是创业企业成长过程中面临的最主要难题。由于信息不对称与不确定性程度较高，创业企业很难获得银行贷款等债务融资，因而向风险资本等投资者寻求股权融资成为创业企业的首选融资渠道。在实践中，多轮次融资是创业企业常见的股权融资模式。创业企业对某一项目的融资计划，通常是分轮次融资的，而不是一次性将所需资金筹集完毕。

创业企业进行多轮次融资，既有益处，也存在一定的成本：一方面，随着企业的发展前景逐渐明朗，通过每次价值再评估，企业价值得以被市场发现，创业企业可以以更高的价格进行再融资，避免了对现有股东股权的过度稀释。同时，多轮次融资具有价值揭示效应，风险资本的不断参与揭示了高质量创业企业的价值，从而吸引了更多的潜在投资者注资。但另一方面，每轮融资创始人和投资者都需要重新制定协议和谈判，并需要对创业企业进行再次评估。因此，多轮次融资增加了企业合同制定成本、评估成本和谈判成本等交易成本。因而，创业企业进行多轮次融资是否会提高企业价值，仍是值得深入研究的重要问题。本书选取2014—2019年在新三板挂牌的创业企业作为研究样本，采用万德数据库、国泰安数据库和投中数据库等公开数据，并结合部分手工整理，从融资企业视角，系统论述创业企业采取多轮次融资方式对企业价值的影响，并进行了影响机制检验。通过理论分析和实证检验，本书得出以下主要研究结论：

第一，多轮次融资显著提高了企业价值，融资轮次和融资规模与企业价值显著正相关，而融资时间间隔与企业价值显著负相关。本书进一步检验了多轮次融资对企业成长性的影响，发现多轮次融资会显著提高企业的销售增长率和总资产周转率。此外，根据空间异质性、行业特性和股权结构对企业进行划分，进行分组回归检验，发现多轮次融资对企业价值的影响在东部和中部地区、高科技行业以及股权集中度较低组中更加显著。

第二，探讨多轮次融资影响企业价值的三种机制路径，包括权益资本成本、企业风险承担和公司治理水平。通过中介效应模型检验表明，多轮次融资能够显著降低权益资本成本、提高企业风险承担和公司治理水平，进而提高企业价值。

第三，发现不确定性程度越高，多轮次融资对企业价值的提升作用越显著。如上结论表明，不确定性是影响创业企业采用多轮次融资策略的主要因素，而随着创业企业的发展前景逐渐明朗，企业不确定性降低，企业的融资成本也随之降低。

本研究的创新之处如下：第一，以往文献主要集中于投资人视角，主要研究同一风险资本的分阶段投资对创业企业的影响，认为多轮次融资是投资人降低代理成本和控制风险的手段。本研究从融资企业视角进行分析，聚焦于创业企业的融资轮次，其每一轮的融资来源可以相同，也可以不同；可以是高管团队，也可以是风险资本，本研究认为多轮次融资是创业企业的一种融资策略。第二，拓展了多轮次融资与企业价值的影响机制相关研究。以往研究或仅检验融资结构对企业价值的影响，未考虑融资轮次之间的关系，或仅以案例研究的方式讨论多轮次融资与企业价值之间的关系，而基于融资企业视角的计量研究尚未发现。本书不仅利用经验数据实证检验了多轮次融资对企业价值的影响，还对二者之间的机制进行了理论与实证分析。第三，从不确定性的角度设定了创业企业开展多轮次融资的限定情境，弥补了已有创业企业多轮次融资驱动因素研究情境的缺失。本书认为多轮次融资策略适用范围是创业企业，成熟企业并不需要使用多轮次融资策略。由于成熟企业发展不确定性较低，其对于所需要的资金金额，通常采取一次性融资方式获得。创业企业通过多轮次融资，可以让投资者在不同融资阶段和轮次中，充分认识到企业未来的发展潜力，降低投资者对企业未来发展不确定性的担忧，从而降低了融资成本，促进企业增加投资，最终实现企业价值提升。

本书得到了中国民航大学经济与管理学院的大力支持，并得到天津市教委科研计划人文社科一般项目（2022SK127）的支持。在此表示诚挚的感谢！同时对参阅的国内外论文、著作等相关文献的作者致谢！

目 录

第一章 引 言 ·· 1
第一节 问题提出与研究意义 ·· 3
第二节 核心概念定义 ·· 11
第三节 研究方法与数据来源 ·· 14
第四节 研究内容和创新点 ··· 16

第二章 文献综述 ·· 21
第一节 企业融资相关文献 ··· 23
第二节 企业价值相关文献 ··· 41
第三节 多轮次融资相关文献 ·· 52
第四节 国内外研究评述 ·· 56

第三章 多轮次融资与创业企业价值 ······································ 59
第一节 理论分析与研究假设 ·· 61
第二节 研究设计 ·· 69
第三节 描述性统计分析 ·· 72
第四节 实证分析及回归结果 ·· 80
第五节 稳健性检验 ··· 91
第六节 本章小结 ·· 100

第四章 多轮次融资对创业企业价值的影响机制检验 ················· 103
第一节 理论分析与研究假设 ·· 105

第二节 研究设计 …………………………………………… 111

第三节 描述性统计分析 …………………………………… 114

第四节 实证分析及回归结果 ……………………………… 117

第五节 稳健性检验 ………………………………………… 122

第六节 本章小结 …………………………………………… 131

第五章 不确定性、多轮次融资与创业企业价值 …………… 133

第一节 理论分析与研究假设 ……………………………… 135

第二节 研究设计 …………………………………………… 139

第三节 描述性统计分析 …………………………………… 141

第四节 实证分析及回归结果 ……………………………… 142

第五节 进一步分析 ………………………………………… 145

第六节 稳健性检验 ………………………………………… 152

第七节 本章小结 …………………………………………… 156

第六章 研究结论与展望 ……………………………………… 159

第一节 研究结论与启示 …………………………………… 161

第二节 研究局限与展望 …………………………………… 164

参考文献 ……………………………………………………… 167
后　　记 ……………………………………………………… 201

第一章 引言

第一章 引　言

第一节　问题提出与研究意义

一、研究背景

（一）现实背景

以人工智能、大数据为代表，新一轮技术革命在世界范围内迅速蔓延，科技创新已成为推动国家经济可持续增长的动力，而要提高自主创新能力，必须从微观层面提升企业的创新能力。创业企业作为科技创新最活跃的主体，对解决就业、增加社会财富、维持我国经济持续发展具有极为重要的意义。据《全球创业观察中国报告（2019—2020）》调查显示[①]，中国国家创业环境指数（National Entrepreneurship Context Index），即衡量一个国家对创业企业发展的支持状况的指标，综合得分为 5.89 分，排名第 4 位。而我国的早期创业活动总量（Total Early - stage Entrepreneurial Activity）综合得分为 5.0 分，在参与全球创业观察的 50 个国家中仅位列第 34 位。可见，尽管目前我国对创业企业愈发重视，提供了良好的创业环境，但我国的早期创业活动状况并不理想。

对于创业企业而言，资金是企业的命脉，是确保其能够持续经营的条件之一。通常来说，创业企业的自有资金不足以支撑公司运营，因此需要外部融资。然而，一方面，由于创业企业具有无形资产价值难以评估、可追溯的业绩历史较短、治理结构不健全等特征（Park 和 Steensma，2012），导致创业企业的信用风险相对较高，传统的银行等金融机构对创业企业贷款有诸多限制，创业企业难以获得银行贷款等债务融资。另一方面，即使创业企业能够获得一部分个人投资，如天使资本的资金投入，但由于个人资金有限，且缺乏足够的管理经验与管理能力来帮助创业企业成长，创业企业要想实现快速成长极为艰难。

---

① 最新《全球创业观察中国报告（2020—2021）》未包括中国相关数据，因此本书使用了《全球创业观察中国报告（2019—2020）》报告，该报告覆盖了包括中国在内的 50 个国家和地区的调查结果。

在这种情境下，风险资本（Venture Capital）作为一种特殊的资本形态，应运而生。风险资本在创业创新融资中扮演了重要的角色，与传统金融中介主要投资于成熟企业不同，风险资本是一种主要投资于创业企业，从企业的快速成长中获得投资收益的资本。很多创业企业的创始人为技术人员，缺乏管理经验，也缺乏经营企业所需的社会网络资源，而风险资本作为主动型投资者，会积极深入地参与被投资企业必要的经营与管理，帮助企业提高业绩、完善治理机制，不断提升企业价值。

在实践中，创业企业对计划的资金需求，往往是分阶段、分轮次进行融资的，而不是一次性将所需资金筹集完毕（黄福广等，2019）。相比较而言，成熟的大型企业通常采用一次性融资的方式，比如发行股票或债券，来获得所需资金。创业企业由于成立时间较短，发展前景并不明朗，企业不确定性和信息不对称程度较高，因此难以通过一次融资获得维持其正常运营和发展所需的资金。即使创业企业能够通过一次性融资获得足够多的金额，但由于创业企业无形资产占比较高，企业价值难以评估，投资者往往会要求较高的风险溢价补偿，导致了创业企业融资成本较高（Sahlman，1990）。因此，多轮次融资逐渐成为创业企业融资过程中的一种普遍现象。

以国外企业特斯拉为例（图 1.1），自 2010 年 IPO 之后，经历了 10 轮股

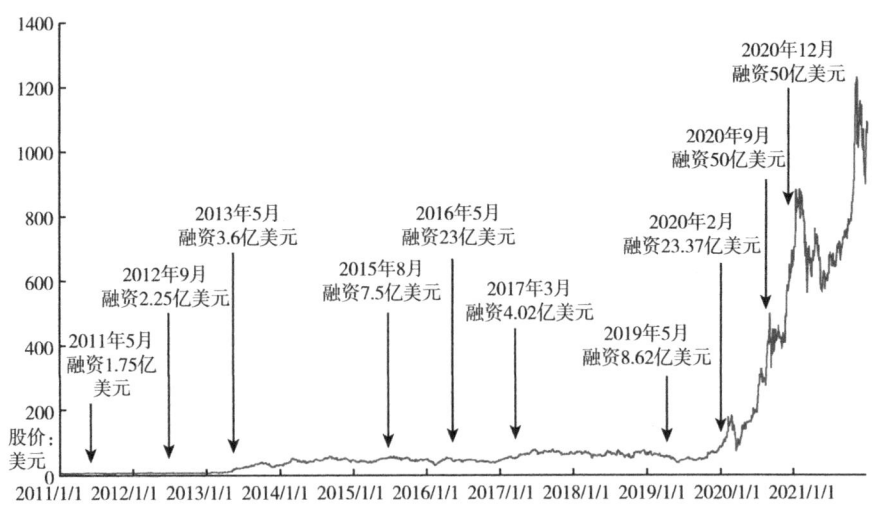

图 1.1　特斯拉 IPO 之后股权融资历程

注：数据来自 Wind 数据库，本研究整理。

权融资，在成长过程中不断增发股票，筹集资金用于项目研发与生产。2011年5月为第一次募集资金，融资金额为1.75亿美元，截止到2011年12月31日企业股价为每股5.71美元，市值为29.78亿美元。2017年，虽然特斯拉得到了腾讯控股的注资，但期间Model 3生产效率提升困难，企业发展前景不明朗，不确定性较高，企业股价反而呈现缓慢下降的趋势。直到2019年10月特斯拉上海工厂开始试生产，随后国产Model 3于2020年1月7日正式交付，企业才逐渐从低谷中走出。自2020年开始，世界各国加大对新能源产业的支持力度，因而投资者对企业未来盈利能力的预期较为乐观，此后特斯拉股价一路飙升。2020年短短1年时间，特斯拉经历了3轮融资，融资总额高达123.37亿美元，此期间也是特斯拉股价增长速度最快的时期。截止到2021年12月31日，特斯拉总市值为1.06万亿美元，约为2011年总市值的356倍。

以国内新三板企业启奥科技为例，自2012年7月至2016年年底，发生了6轮股权融资事件。其中，第1轮和第2轮是向管理层和核心员工发行股份融资，激励其努力工作，同时吸引了外部风险资本，即第3轮融资。在第3轮融资中，风险资本为企业进行战略规划，启奥科技很快实现了在新三板挂牌，进而推动了第4轮融资，即再次向董监高及一些核心员工进行融资，进一步优化了公司治理结构。在前4轮融资的叠加效应下，又能更好地推动第5和第6轮向风险资本进行再融资。在启奥科技整个融资历程中（见图1.2），风险资本与企业高管共同努力，推动启奥科技不断成长，最终实现企

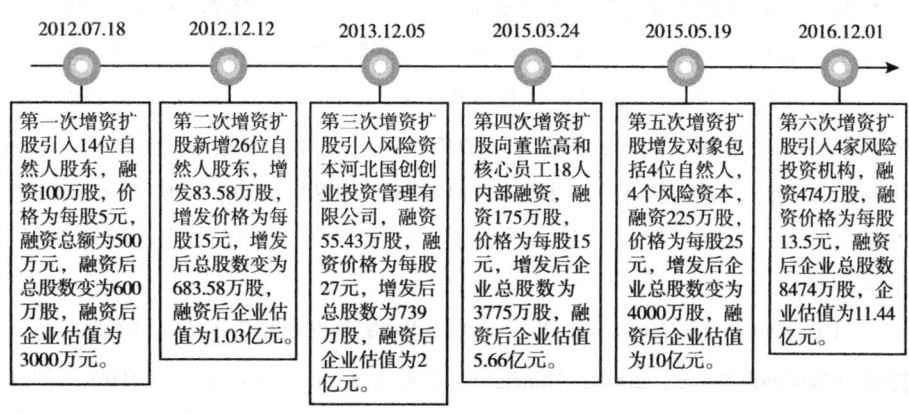

图1.2　启奥科技股权融资历程

业价值提升。短短五年时间，启奥科技估值从第1轮的3000万元升至第6轮的11.44亿元，企业价值提高了约38倍。

上述案例表明，通过利用多轮次融资，不断筹集资金用于研发生产和扩大规模，已然成为创业企业实现高速成长，不断提升企业价值的一种重要手段。然而，多轮次融资对创业企业来说，既有益处，也存在一定的成本：一方面，随着创业企业的发展前景逐渐明朗，通过每次价值再评估，企业价值得以被市场发现，因此创业企业可以以更高的价格进行再融资，避免了对现有股东股权的过度稀释。同时，多轮次融资具有价值揭示效应，风险资本的不断参与揭示了高质量创业企业的价值，从而吸引了更多潜在投资者注资。但另一方面，每轮融资创始人和投资者都需要重新制定协议和谈判，并需要对创业企业进行再次评估。因此，多轮次融资增加了企业合同制定成本、评估成本和谈判成本等交易成本。

那么，创业企业进行多轮次融资，究竟是"利"大于"弊"，还是"弊"大于"利"呢？最终会对企业价值有何影响？其影响机制是什么？其中，不确定性在多轮次融资与企业价值之间又起到什么作用？这些问题都值得本书进一步研究探索。

（二）理论背景

企业融资问题一直是学术界关注的焦点问题。现有文献针对企业融资约束的起因和引起的经济后果进行了比较深入的研究。关于影响企业融资约束的原因，内部因素主要为企业的盈利能力（Cosh et al., 2009；Abor, 2005；詹宇波等，2018）、规模（Rajan 和 Zingales, 1995；Hennessy 和 Whited, 2007）、有形资产（Frydenberg, 2004；Hall 和 Lerner, 2010）等，外部因素主要包括金融市场（饶华春，2009；陈道富，2015）、宏观经济政策不确定性（Gulen 和 Ion, 2016）、通货膨胀率（Frank 和 Goyal, 2009）、政府干预（Bronzini 和 Piselli, 2016）、制度环境（Ueda, 2004；潘健平等，2015；吴超鹏和唐菂，2016）等。

而关于融资约束的经济后果，主要有影响企业的投资行为，包括一般性投资（Whited 和 Wu, 2006；Guariglia, 2008；Campello et al., 2019）、创新型投资（Yin et al., 2019；Beladi et al., 2021）、影响企业的经营业绩（魏锋和刘星，2004；阳佳余，2012；孙灵燕和李荣林，2012；张杰，2015）、影响企业的管理决策，如流动性管理决策（连玉君等，2011；苏柯等，2014；崔志霞和孟祥瑞，2021）、盈余管理（卢太平和张东旭，2014；Farrell et al.，2014；贾新忠和袁卫秋，2019）、避税策略（Law 和 Milis，2015；Goh et al.，2016）等。

具体到如何缓解企业融资约束，尤其是创业企业的融资约束问题，现有研究主要从缓解信息不对称的视角进行了探讨。信息不对称产生的原因是委托方和代理方之间的利益冲突，导致了委托方可能做出一些自利行为（陈佳声，2014；甘丽凝等，2019；罗付岩，2019）。因此，为了缓解由信息不对称引发的融资约束问题，对于企业而言，一是通过实行激励制度降低代理问题，如实行高管薪酬激励和股权激励（Manso，2011；黄继承等，2016），使管理层和股东利益趋于一致。二是通过发送信号，比如适当的董事会结构（Ahler et al.，2015；Colombo et al.，2019），向投资者传递企业质量信息。三是通过加强信息披露的方式降低信息不对称程度（曾颖和陆正飞，2006；Francis et al.，2008）。对于投资者而言，一是通过帮助企业加强公司治理，如风险资本参与董事会或委派高管（Jain and Kini，1995；Hellmann 和 Puri，2002；Tian et al.，2016）；二是通过监控的方式，如通过分阶段投资企业（Tian，2011；Bernstein et al.，2016；陈思等，2017）等。

综合现实背景和理论背景，现有研究认为信息不对称是影响创业企业融资的主要因素。然而，现有研究忽略了创业企业与成熟企业性质的不同，成熟企业高管更可能存在隐瞒信息行为，而急需融资的创业企业瞒报信息的概率较低，因为提供更详细的信息可以增加融资成功的概率（Ahles et al.，2015）。此外，现有理论研究关于创业企业为什么采取多轮次融资方式募集资金，多数学者也是基于投资人视角，认为多轮次融资是投资者为了降低信息不对称和控制风险的一种手段（Kaplan and Strömberg，2001；Lukas et al.，2016）。

本研究认为不确定性也是影响创业企业采用多轮次融资的一个重要因素，因为无论是企业家，还是投资者，都无法预知企业未来发展状况。而创业企业通过多轮次筹集资金的方式，将项目所需资金分别在企业发展的关键节点进行融资，如销售目标达成、新产品的开发取得进展、获得重要客户或市场占有率大幅提高等，不仅可以有效缓解资金约束问题，而且大幅度降低了投资者对企业未来发展前景不确定性的担忧，从而降低了融资成本，促进企业价值提升。因此，本书基于融资企业视角，在探讨多轮次融资与企业价值之间关系的基础上，深入研究了多轮次融资对创业企业价值的影响机制路径。最后，从不确定性的角度设定了创业企业开展多轮次融资的限定情境，检验了不确性对多轮次融资与企业价值之间关系的影响，弥补了已有创业企业多轮次融资驱动因素研究情境的缺失。

二、研究问题

如上文所述，一方面，由于高信息不对称和高风险特征，创业企业难以一次性筹集到计划所需资金。另一方面，即使创业企业能够一次性募集到所有资金，但由于投资风险较高，投资者往往会要求风险溢价补偿，导致了企业融资成本过高。因此，创业企业对某一项目的融资计划，通常是分轮次融资的，而不是一次性将所需资金筹集完毕（黄福广等，2019）。多轮次融资不仅为投资者提供了一种监控的手段，还可以让投资者在不同融资阶段和轮次中，充分认识到企业未来的发展潜力，缓解了投资者对企业未来发展不确定性的担忧，从而使创业企业更容易获得外部融资，有利于实现企业价值提升。基于此，本书主要回答以下问题：

首先，创业企业多轮次融资是否会对企业价值产生积极影响？这是本书的基础性问题和逻辑性起点。因此，如果有影响，那么融资特点，如融资次数、规模和时间间隔的差异是否会对企业价值产生不同影响？

其次，本书继续探讨了多轮次融资对企业价值的影响是通过何种机制实现的。具体来说，分别从权益资本成本机制、风险承担机制和公司治理机制三种路径检验中介效应是否成立。

最后，本书检验了不确定性是否影响了创业企业多轮次融资与企业价值之间的关系。创业企业的高不确定性特征容易引发投资者的担忧，那么，当创业企业不确定性程度越高时，是削弱还是加强了多轮次融资对企业价值之间的关系？

根据描述的研究问题和主要内容，设计了研究思路图，如图1.3所示。

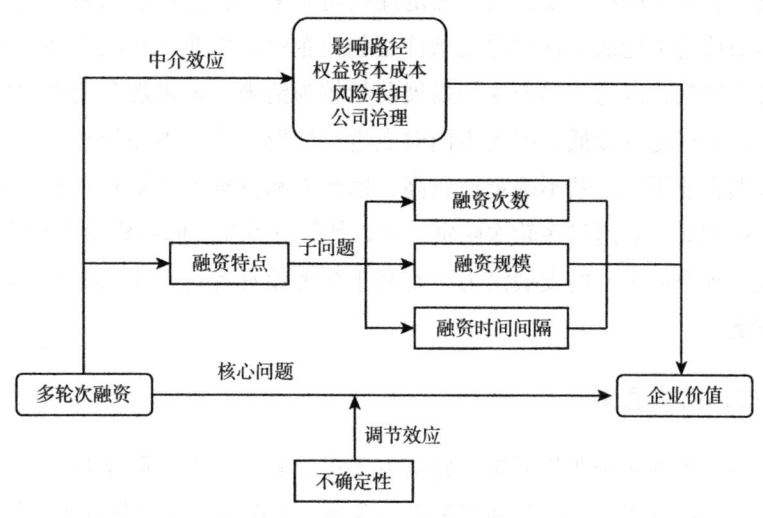

图1.3 本书研究思路

三、研究意义

（一）理论意义

第一，基于融资企业视角，拓展并丰富了多轮次融资对创业企业价值影响的相关研究。尽管学者们对创业企业的融资问题给予了很大的关注，但关于讨论创业企业采取多轮次融资动机的相关研究较为匮乏，也未有研究将多轮次融资与企业价值联系起来进行探讨。本书在已有文献的基础上，基于融资企业视角，分析了为何创业企业需要采取多轮次融资策略，从何处获得融资，并对获得融资后对企业价值的影响路径做了进一步拓展分析，填补了现有研究的不足。

第二，拓展并丰富了风险资本作用的相关研究。风险资本通过投资起步阶段的创业企业，并利用企业的高速成长获利，因此具有强烈的动机帮助企业提升价值。以往文献认为风险资本多轮次投资是为了降低信息不对称（Koenig 和 Tennert，2022），提高监控的一种手段（Chemmanur et al.，2011）。但本书认为，多轮次融资具有价值揭示效应，是风险资本不断揭示高质量企业价值的过程，有利于实现投资者和创始人的双方共赢。

第三，基于中国情境，从不确定性视角对多轮次融资适用条件进行了补充。本书认为多轮次融资的适用条件是创业企业，成熟企业没有必要采取多轮次融资策略，因为成熟企业的发展前景较为清晰，未来现金流可预期且相对稳定，不确定性较低，因此不同时点进行融资资本成本差异较小。创业企业与成熟企业不同，其不确定性较高，创始人和投资者容易对企业产生估值分歧，而创业企业通过多轮次融资，可以使投资者在不同融资阶段和轮次中，充分认识到企业未来的发展潜力，有利于缓解投资者对企业未来发展不确定性的担忧。

（二）实践意义

第一，为创业企业如何制定融资方案提供实证证据。创业企业在计划筹集资金时，可以采取不同的融资策略，选择一次性融资或者分批次进行融资。由于创业企业的高不确定性和信息不对称等特征，创业企业进行一次性融资不仅融资成本过高，还容易导致创始人股权被过度稀释，造成创始人控制权旁落（Aggarwal 和 Samwick，2006）。因此，对于高质量的创业企业而言，可以采取分批次获得资金的融资方式，不仅可以解决企业短期资金约束问题，还可以通过出让较少的股权来换得风险资本投资，确保了创始人的控制权地位。此外，由于资金是分批获得，创业企业更应该把资金用在"刀刃"上，提高企业生产经营效率，为后续融资做好充足的准备。

第二，为企业内外部投资者的投资决策提供参考与借鉴。尽管外部投资者对创业企业进行投资时可能会获得超额收益，但同时也会存在很高的风险。尤其是当创始人和投资者对企业未来发展前景预期不一致时，多轮次融资可以使投资者保留对企业投资的选择权，若企业发展不及预期，投资人可以放弃继续投资。而当企业发展顺利时，投资者应在企业成长过程中的关键节点为其注资，不仅可以分散投资风险，还有利于提高企业资金利用率，以实现创业企业高速成长。同时，投资者应定期与创始团队保持沟通和交流，并对企业的项目运行情况及时进行跟进，对发展前景良好的企业尽可能在其早期融资轮次中进行注资，以期获得超额收益。

第三，为资本市场监管部门制定相关政策提供一定的启示作用。本研究发现，不确定性是影响创业企业融资的主要因素，尽管从宏观层面上看，对股票发行的监管和限制有利于维护新兴资本市场的稳定健康发展，但对于需要快速成长的创业企业而言，在产品市场竞争日益激烈的情况下，监管和限制给企业股权融资带来了很大的不确定性，也给潜在的投资者带来了担忧。这种未来的不确定性不利于企业进行股权融资，抑制了企业的成长。因此，监管部门应制定合理的监督机制，并进一步帮助创业企业拓宽融资渠道，为我国经济增长做出贡献。

第二节　核心概念定义

一、企业价值

企业营运所运用的资源主要依赖两类资金，一类是股东出资，另一类则是融资举债。因此，企业运用所有资源所创造出来的价值，也应该由企业的股东及债权人共同拥有。企业价值根据不同的场合角度有不同的定义，会计实务上称资产负债表上的资产、负债，以及股东权益的价值为账面价值，是依据财务会计准则，经调整后的历史成本。而当一个企业处于即将结束营运的阶段时，其价值则归属于清算价值，是处置企业资产的净变现价值（扣除律师、会计师费用及其他相关费用后的余额）。此外，上市公司也可以用股票的市场价值衡量，即公司股票在公开市场上因供给及需求所决定的均衡价格。此均衡价格实际上受到不少与企业本身经营效益无关的因素影响，例如一个国家的政治经济政策的走向，或是市场上不实的谣言及投机行为等。从企业经营角度来看，企业价值是持续经营企业的价值，使用未来经营活动所能创造的经济效益来衡量。

关于企业价值评估方面，主要包括现金流折现模型、股利贴现模型和相对价值评估模型三种方法。

现金流折现模型是一种综合考虑风险和时间价值，将不同时期的现金流量进行贴现并进行加总的方法。企业或许可利用不同的会计处理方法粉饰盈余，但操纵现金流量较为困难，故此方法能比较合理地对企业估值。然而，未来各期的现金流量较难准确预估，加权平均资金成本（WACC）的计算涉及各种资金来源比例及成本，计算较为复杂。

股利贴现模型在预测企业价值时，其假设是建立在企业将持续经营发展且不间断地发放现金股利，企业价值等于投资者未来各期所能获得的现金股利折现加总。但公司若不发放股利，则不适用此模式，股利折现模型适用于成熟企业。对处于亟须快速成长的创业企业来说，发放股利的情况较少，并且很难预测创业企业的未来发放股利情况。此外，对于成立时间较短、发展前景不确定的创业企业，预测贴现率也存在一定的难度。

相对价值方法在企业价值评估中也得到了广泛的应用。其主要思想就是在市场上找出同行业中相似的参照企业，对二者之间的重要参数进行比较，并经过修正与调整，最终得到被评估企业价值。相对价值方法的优点是可以快速计算和容易理解。目前，较为常用的指标是市盈率、市销率和市净率等。

以上三类价值评估方法，主要使用企业各类财务指标来评估企业价值，但财务指标具有滞后性特征，尤其是在市场环境迅速变化时期则很难对企业进行准确估值。此外，在知识经济迅速发展的时代，技术、知识、人力资源等无形资本对企业价值影响深远。因此，在评估企业价值时需要考虑有形与无形资产对企业产出的综合效益与对企业整体所带来的贡献。

目前，国内外大多数研究使用 Tobin's Q 衡量企业价值（高磊等，2020；孙彤等，2021；Salvi et al.，2021；Wong et al.，2021）。Tobin's Q 理论由 James Tobin 于 1969 年提出，使用企业的市场价值与资本重置成本之比计算。Tobin's Q 反映市场对于企业未来利润的预期，Tobin's Q 值越大代表企业未来的业绩会越好，Tobin's Q 值是一个前瞻性的业绩指标，体现企业的未来价值，并且可以衡量企业无形资产的价值，例如商誉、专利、公司成长机会等。本书所讨论的企业价值主要指企业的发展能力和成长性，因此本书主要使用 Tobin's Q 测量企业价值。

二、创业企业

创业企业是指创业者具有市场洞察能力，善于捕捉市场信息和抢占市场机遇，并能灵活运用多种手段有效整合资源配置，最终建立的一个实体企业（蔡莉等，2008）。创业企业能够为社会提供好的产品和优质的服务，把追求利润和长远发展作为目标，创造更大价值。然而，与成熟企业相比，创业企业成立时间较短、风险与不确定性较高，其首要目标是先保证企业生存，其次是通过不断积累资源，逐渐形成企业自身竞争优势。对于创业企业来说，需要快速应对企业发展中环境的变化，充分利用有限的资源来确保企业高速成长。创业企业不仅对GDP的增长产生了积极的影响，而且对解决就业，提高教育水平，提高人力资本质量，推动经济发展和社会进步有着重要的意义（Czarniewski，2016）。

目前，学术界主要基于时间来判断企业是否为创业企业。Ostgaard 和 Birley（1996）对创业企业界定为成立时间小于1年的企业。张玉利等（2003）根据 GEM（Global Entrepreneurship Monitor）的报告，将自成立开始到42个月之内的企业定义为创业企业。Bhide（2003）认为，近8年内创办的企业是创业企业。Cai et al.（2017）根据中国国情，将创业企业界定为成立时间大于1年但小于8年的企业。本书参照 Cai 等（2017）对创业企业的界定，将成立时间大于1年小于8年的企业定义为创业企业。

三、多轮次融资

多轮次融资是指企业为了发展或者实施某一项目时，通过分批次的手段获得所需资金的融资方式（Dean 和 Giglierano，1990；Cornelli 和 Yosha，2003；黄福广等2019）。企业的融资轮次通常与开发过程中的重要阶段，例如设计完成阶段、试生产阶段，或新产品的推出阶段相关。创业企业在每个融资轮次，都会发布有关项目投资风险的新信息（Sahlman，1990）；一方面，对于风险资本而言，多轮次融资可以使其通过定期的信息更新了解创业公司的当前状态和未来运行轨迹（Bergemann 和 Hege，1998；Hsu，2010），降低了由信息不对称导致的逆向选择和道德风险。另一方面，随着创业企业不断成长，其发展前景逐渐清晰，高质量的创业企业不仅可以吸引现有投资者以更高的股权价格继续投资，还可以吸引更多的潜在投资者注资。因此，多轮次融资对创业企业的成长与发展具有重要的意义。

企业多轮次融资的目的是为某一特定项目进行融资（黄福广等，2019）。例如，英雄互娱（股票代码：430127）自挂牌后，在2015年至2016年两年内，历经了4轮融资。英雄互娱在2016年度募集资金存放与实际使用情况的专项报告中对4次融资事件进行了描述，4轮融资目标均为"支付对外投资款、支付新发行游戏版权金、分成款、服务器等"。因此4轮融资目标相同，即可认为4轮融资均是针对同一项目所需资金进行的融资。然而，有些情况下即使短期内发生过几轮融资，但若不是为同一项目进行融资，就不能被认定为多轮次融资。例如，确安科技（股票代码：430094），在2016年和2018年发生过两次融资事件。在募集资金存放与实际使用情况的专项报告中对两次融资目的进行了描述，2016年融资是为了"亦庄测试基地装修改造，购置设备，实施自动信息管理系统，提升管理和技术水平，扩充12寸晶圆测试产能"。而2018年的融资是为了"用于在浙江省海宁市成立全资子公司，建立海宁基地项目装修及购买设备"。因此，2016年和2018年是针对不同项目的融资事件。

虽然企业融资的目的可能是为某一特定项目进行融资，但是由于很多企业对融资项目相关信息披露并不健全，因此很难识别企业融资是因为项目需要还是企业发展需要。限于数据收集和项目融资数据信息披露缺失的限制，本书基于时间间隔判断是否是针对同一项目的融资。通常来说，企业项目建设时间周期往往较长，因此可以大致判定企业两年内进行的再次股权融资往往是针对同一个项目的融资（姚颐和刘志远，2009）。为了获得更准确的数据，本书在姚颐和刘志远（2009）两年项目建设周期的基础上，进一步缩短了时间间隔，本书认为企业若在同一年度发生过两次及以上的股权融资事件即可认为企业采取了针对同一项目的多轮次融资策略。此外，本书定义的多轮次融资，每个融资轮次的投资人可以相同，也可以不同，只需针对同一项目进行融资即可。因此，本书将多轮次融资界定为企业在一年内发生过两轮及以上的股权融资事件。

第三节 研究方法与数据来源

一、研究方法

本书主要运用理论分析、实证分析、定性与定量分析相结合等研究方法，使用Stata 15.0进行实证检验，并综合运用了统计分析、相关性分析、多元回归分析和分位数回归等多种检验方法。本书主要使用的研究方法如下：

（1）描述性统计分析。描述性统计是本研究最常用的方法之一，即对本研究的自变量、因变量和相关控制变量进行基本数据统计与分类，从而对我国多轮次融资企业特征获得初步认识。通过描述性统计，找出数据分布趋势，剔除异常值，观察数据的分散度是否符合回归条件。

（2）均值 T 检验。为了比较多轮次融资和单轮次融资企业价值之间的差异，进行单变量均值 T 检验，初步比较二者之间的差异。

（3）小提琴统计图，可以直观地看到数据的分布特征，结合了箱体图和核密度图的优势。黑色箱体展示了企业价值的四分位数范围，可以直观地比较多轮次融资与单轮次融资企业价值的四分位数的高低。

（4）回归分析方法。本研究使用面板数据，主要使用普通最小二乘方法（OLS）模型来进行回归。此外，为了避免样本存在偏态分布特征，本书也采用了分位数回归方法进行检验。

除此之外，为了规避样本选择偏差，也为了缓解遗漏变量、互为因果等内生性问题，本书对主要的回归结果进行了双重差分检验（DID）和倾向得分匹配（PSM）检验。为了避免样本自选择问题，本书采用 Heckman 两阶段回归模型解决。为了避免变量测量误差带来的内生性问题，本书使用了替换变量的测量方法。

二、数据来源与样本构建

本书数据主要来源于万德（Wind）金融数据库、国泰安（CSMAR）数据库和投中（CVSource）数据库，并通过新三板挂牌公司年报及其股票发行方案等公告，对其中遗漏和错误的数据进行了更正，最终得到了本书所需数据。本书选择新三板作为样本的原因，主要考虑到主板中创业企业数量较少，科创板中尽管创业企业数量较多但设立时间较短，数据不齐全。本书使用 Wind 数据库相关数据整理并计算企业成立年限，发现创业板中成立时间小于 8 年的创业企业占比约为 10.86%，远远小于新三板中创业企业占比 40.49%。此外，孟为和陆海天（2018）也指出，新三板是创新型、创业型、成长型中小微企业的融资孵化平台，其中多数是规模较小、处于发展初期的高科技与新兴产业公司。因此，本书选取新三板中的创业企业为研究样本。

考虑到我国新三板市场自 2013 年底全面扩容，并系统建立了业务规则体系，新三板市场才开始在真正意义上发挥其支持中小创新型企业的作用。因此，选取 2014—2019 年在新三板挂牌的创业企业作为研究样本，研究期间覆盖 2014—2020 年，排除数据缺失的样本及未发生过融资事件的企业，最终得到 1136 家企业，共计 6215 个企业年样本点。本书所需要的挂牌企业相关资料，包括企业基本资料、财务状况、企业融资与公司特征数据等均从万德数据库、国泰安数据库和投中数据库等专门数据库获得。企业融资信息相关数据主要通过全国中小企业股份转让系统（新三板）中的公开招股说明书和企业股票发行方案等公告手工收集获得。

具体而言，首先以万德数据库的新三板专题统计数据库为基础获得截止到 2020 年 12 月 31 日前的全部企业定向增发融资交易事件，最终获得 6580 条企业定向增发交易数据。而后，将投中数据库中的企业融资事件数据与上述定向增发数据进行匹配，以期获得每一条企业融资事件信息，包括发行对象、发行价格、发行方式、发行时间、募集资金总额、发行类型等。最后，通过国泰安数据库补充和完善企业融资事件信息，如融资时间、融资金额、融资价格、融资方式、融资对象等，对于数据缺失的信息，通过上市公司发布的股票发行方案公告进行补充。需要说明的是，本书排除了未发生过融资事件的企业样本。这是因为本书研究目的并非是"企业是否融资对企业价值产生何种影响"，而是关注当企业有融资计划时，是倾向于一次性将所需资金筹集完毕，还是分多次筹得所需资金，即"企业是否使用多轮次融资对企业价值产生何种影响"。

第四节　研究内容和创新点

一、研究内容与框架

（一）研究内容

本书基于融资企业视角，分析了创业企业多轮次融资对企业价值的影响及其影响机制路径，并分析了不确定性情境下创业企业采取多轮次融资策略对企业价值的影响。具体包括以下六个章节。

第一章为引言。主要根据我国创业企业融资现状的实践和理论背景，提出本书的研究问题，并对本书中的相关重要概念进行界定。进一步，梳理本书的研究思路，阐述了研究方法和研究意义。最后，在现有文献的基础上，分析存在的缺陷与不足，提出本书的创新之处。

第二章为文献综述。本书首先在对主要研究问题和研究内容明确界定的基础上，对企业融资相关理论的发展脉络进行了梳理。然后，梳理了企业融资影响因素和经济后果等相关文献。其次，回顾了公司治理、人力资本、风险资本、技术创新与企业价值之间关联的相关文献。最后，梳理了多轮次融资相关文献，并提出了现有研究存在的缺陷与不足。

第三章研究了创业企业多轮次融资对企业价值的影响。本章分别从创业企业角度和投资人角度论述了创业企业采用多轮次融资策略的原因，分析了多轮次融资对企业价值产生影响的理论逻辑，并提出了研究假设。进一步按照融资特征进行分类，如融资次数、规模、时间间隔不同，验证不同融资特点对企业价值的影响有何不同。随后分析了多轮次融资对创业企业成长性的影响，进一步根据空间异质性、行业特性和股权结构对企业进行分组，分别检验不同组别中多轮次融资对企业价值的影响是否不同。最后，对研究结论进行了稳健性检验。

第四章在第三章构建的理论模型基础上，对创业企业多轮次融资与企业价值的影响机制路径进行了检验。首先，从理论上分别论述了权益资本成本、风险承担水平和公司治理水平在多轮次融资与企业价值之间的中介作用，其次使用温忠麟（2005）的中介效应检验方法分别对三种机制路径进行了实证检验。最后，采用了替换变量、PSM等方法对回归结果进行了稳健性检验。

第五章研究不确定性对多轮次融资与企业价值之间关系的影响。创业企业在发展过程中会面临很多不确定性风险，如企业技术不确定性，顾客需求不确定性等，从而引发了投资者对企业发展前景的担忧。因此，本章试图检验当不确定越高或者越低时，多轮次融资对企业价值的影响是否存在差异，以期检验不确定性对创业企业多轮次融资过程中的影响。进一步检验了信息不对称对多轮次融资与企业价值之间关系的影响。最后，将企业按照产权性质和研发投入进行划分，对子样本进行分组回归，检验在不同组别中多轮次融资对企业价值的影响是否不同。

第六章是研究结论与展望。本章是在第三章至第五章实证检验基础上，基于多轮次融资对创业企业的影响及其影响机制，以及不确定性对二者之间关系的影响的研究发现，阐述本书的主要结论与启示。同时指出了本书的局限性,以及未来探索的方向。最后,提出有关缓解创业企业融资困难现状的一些政策性建议。

(二) 研究框架

依据本书的现实背景和理论背景,研究问题和研究内容,绘制了本书的框架图,如图 1.4 所示。主要包括介绍背景和提出问题、理论分析、探索问题、验证问题、总结规律和指导实践五部分。

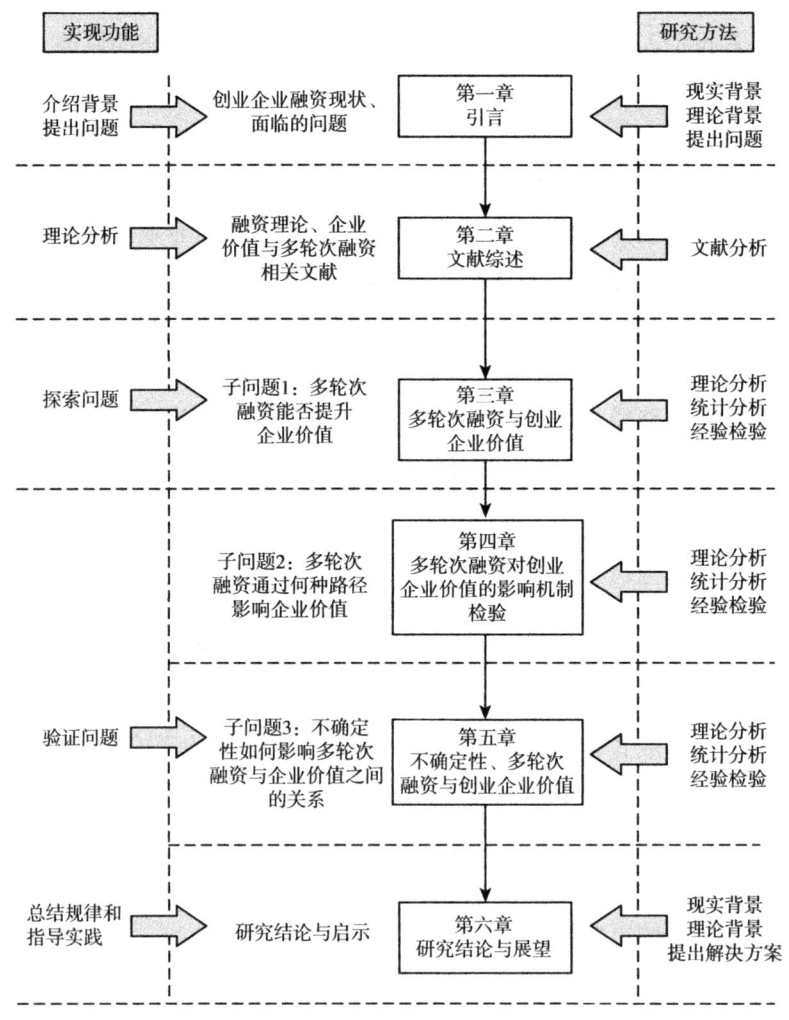

图 1.4 本书研究框架

首先，在引言部分中，介绍了本研究的现实背景和理论背景，创业企业的重要性、融资对创业企业的重要性以及研究创业企业多轮次融资对企业价值研究问题的重要意义。基于此，提出了本书的研究问题。

其次，通过文献梳理、理论推演和总结归纳分析的方法对相关文献进行了整理和述评。发现现有文献的缺陷与不足，并总结了本书的研究意义。

再次，提出了本研究最核心的问题，即多轮次融资是否会影响企业价值，并进行了理论分析，并提出了研究假设，之后进行了统计检验和实证分析。这也是本研究的最基础的问题和逻辑起点。

同时，验证了多轮次融资与企业价值之间的影响机制。理论分析了其中的中介效应路径，并提出了研究假设。定义了相关的研究变量并建立了相应的回归模型。

另外，验证了不确定性对多轮次融资与企业价值之间关系的影响。定义了主要研究变量并建立了调节效应模型，进行了实证分析检验，最后进行了替换变量、分位数回归、倾向得分匹配等稳健性检验。

最后，根据本书的实证分析结果，对研究问题的结论进行了汇总。并进一步分析了本研究的不足之处，以及展望了未来可以进一步探索的方向，同时为解决我国创业企业的融资难的困境提出了若干政策性建议。

二、研究创新

第一，以往文献主要集中于投资人视角，主要研究同一风险资本的分阶段投资对企业的影响，认为多轮次融资是投资人降低代理成本和控制风险的手段（Kaplan 和 Strömberg，2001；Lukas et al.，2016）。本研究认为多轮次融资是创业企业的一种融资策略，能够帮助融资企业传递其质量信息，降低资本成本，进而对企业价值产生影响。此外，本研究聚焦于创业企业的融资轮次，其每一轮的融资来源可以相同，也可以不同，可以是高管团队，也可以是风险资本。

第二，拓展了多轮次融资与企业价值的影响机制相关研究。以往研究或仅检验融资结构对企业价值的影响（Grossman 和 Hart，1982；Wang 和 Zhu，2013），未考虑融资轮次之间的关系，或仅以案例研究的方式讨论了多轮次融资与企业价值之间的关系（黄福广等，2019），而基于融资企业视角的计量研究尚未发现。本书不仅利用经验数据实证检验了多轮次融资对企业价值的影响，还对二者之间的机制进行了理论与实证分析，填补了现有研究的空白。

第三，从不确定性的角度设定了创业企业开展多轮次融资的限定情境，弥补了已有创业企业多轮次融资驱动因素研究情境的缺失。以往研究认为信息不对称是影响企业融资的主要因素，企业家是具有信息优势的一方，会采取多种方式谋取私利，如自定薪酬、减持股票前发布利好公告，为建设"商业帝国"而过度投资等（陈佳声，2014；甘丽凝等，2019；罗付岩，2019）。而本书发现，不确定性是影响创业企业融资困难的主要因素。因此，当创始人和投资人对企业未来发展预期产生分歧时，创业企业可以通过多轮次融资，让投资者在不同融资阶段和轮次中，充分认识到企业未来的发展潜力，降低投资者对企业未来发展不确定性的担忧，从而降低了融资成本，促进企业增加投资，最终实现企业价值提升。

第二章

文献综述

本章主要围绕解决研究问题和展开研究内容所涉及的相关文献进行了梳理与回顾。具体来说，第一节对企业融资的相关文献进行了回顾；第二节回顾了企业价值相关文献；第三节综述了多轮次融资相关文献；第四节对现有国内外文献进行了研究评述，以期发现以往研究的不足之处，并以此为切入点提出本书的研究思路与方向。

第一节　企业融资相关文献

一、企业融资理论发展

从企业融资问题研究的历史发展来看，一个最核心的问题是企业的最优资本结构是怎样的。简单来说，企业可以选择股权融资或债权融资的方式筹集所需资金。股权融资又称权益性融资，是指企业股东通过出让一部分所有权引进新股东而获得资金。常见的股权融资渠道包括公开发售和私募发售，公开发售又包括首次公开发行上市（IPO）、增发和配股等。债权融资是指企业通过举债方式获得资金，到期后向债权人还本付息的融资方式，其主要渠道包括银行借款、发行债券以及民间借款等。这两类融资在融资成本、税收来源、收益结构与风险等多个方面存在差异。直观上来看，企业可以基于自身的特点选择不同的负债与权益资金不同比例的组合以满足自身对特定风险—收益结构的需求，进而实现企业价值的最大化。早期融资理论是由 Durand（1952）总结提炼的，包括净收益理论、净经营收益理论和折中理论。净收益理论认为债务融资成本与权益融资成本不受企业杠杆率的影响，债务融资比例越高，企业价值越高。净经营收益理论认为企业的加权平均资本成本与企业的资本结构无关，虽然最初债务融资成本更低，但增加债务融资比例会使得股权融资的风险上升，从而会使得股权投资者要求更高的收益率。这两种影响相互抵消使得企业的资金成本与资本结构无关，决定企业价值的是企业的净经营收益。折中理论介于净收益理论与净经营收益理论之间，认为当债务融资占比较低时，提高成本较低的债务融资比例会降低企业的加权平均资本成本，但当债务融资占比足够高时，即使债务融资成本仍低于股权融资成本，提升债务融资占比也会因增大了股权融资的风险而使股权融资成本整体上升,从而提高了企业的加权平均资本成本。在该理论的思路下,存在一个使企业价值最大的资本结构临界点。

Modigliani 和 Miller(1958)提出的 MM 理论为现代资本结构理论的发展奠定了基础。MM 理论在一系列严格的假设条件下,证明了资本结构的变动与企业价值无关。之后,Modigliani 和 Miller(1963)放宽了假设条件,对 MM 理论进行了修正,引入了公司税收因素,发现由于利息支出具有抵税效应,即债务融资比例越高,企业价值越高。也就是说,在完美的市场环境下,在不考虑税收因素的情况下,企业价值与其资本结构无关,债务融资和股权融资可以完全替代。Miller(1977)同时将公司税和个人所得税纳入模型,发现了当这两种税收同时存在时,债务融资的节税优势会被抵销,支持了资本结构与企业价值无关的观点。

鉴于 MM 理论的严格假设在现实资本市场中是不存在的,后续研究者在考虑了破产成本及代理成本后,提出了关于企业最优资本结构的一系列相关理论。Robichek 和 Myers(1966)提出了权衡理论(Trade off Theory),该理论考虑了企业的破产成本,认为虽然企业价值会随着债务融资的节税效应而提高,但债务比例过高会导致企业面临破产风险。因此,企业应权衡一个最优的杠杆率水平,使在该杠杆率水平下,杠杆的边际变动使企业带来的边际破产成本与边际节税收益相等,此时企业价值达到最大。Jensen 和 Meckling(1976)将企业代理成本引入到最优资本结构模型,认为无论债权投资者还是股权投资者与企业经营者之间都形成了委托代理关系,而股权融资与债务融资的不同特质会对企业经营者产生不同的激励。代理理论假设企业一开始是由一个企业家经营并拥有百分之百的股权,但当其逐渐将股权出售给外部投资者时,企业经理人便开始不关心企业的利益,转而重视个人利益,很可能会产生自利行为。因为此时企业经营收益部分甚至大部分会被分配给外部股权投资者,对企业经营者激励不足。因此,股权融资的代理成本体现在企业经营者可能会运用其掌握企业资源的权利为自己谋取福利,如自定薪酬、在职消费等,而外部股东又会采取各种监管与约束行动以确保管理层以股东利益最大化为目标。Jesen 和 Meckling(1976)指出,即使采用债务融资也会产生代理成本,但由于企业经营者有获得大量超额收益的潜在可能性,可能会投资高风险高收益的项目,导致债权人可能面临不必要的风险。在这种情况下,债权投资者会在事前要求更高的收益水平,导致了企业的融资成本变高。由此产生了关于企业资本结构的委托代理理论，其本质是企业会选择代理成本最小的最优资本结构。此外，还有很多学者是基于信息不对称的角度研究权衡理论的。如 Ross（1977）认为由于企业经营者与投资者之间存在信息不对称，投资者只能根据企业的财务数据等有限信息判断企业经营状况。投资者会将企业高负债率视作一个有利的信号，因为较高的负债率表明企业具有偿还全部负债的能力，因而判断企业的质量较高。Leland 和 Pyle（1977）则认为内部人持有股份比例的高低是企业经营状况好坏的信号。

随后，Myers 和 Majluf（1984）提出了优序融资理论（Peaking Order Theory），该理论认为企业家往往更具有信息优势。如果企业选择股权融资，则投资者会认为此时企业的价值被高估，股票价格反而会下降。若企业以较低的价格发行股票，则原有股东的股权又会被稀释，而债务融资可以避免企业新进投资者与原有投资者之间利益冲突的问题。另外，从交易成本的角度来看，由于信息不对称和代理问题，外部投资者往往会要求更高的风险补偿，企业融资成本较高。因此，企业融资是有优先顺序的，以内部资金为优先选择，其次是债务融资，最后才会选择权益融资。Pinegar 和 Wilbricht（1989）以问卷调查的方式证实了优序融资理论的观点。在问卷调查的对象中，有 84.3% 的企业证实他们首选内部资金融资，39.7% 的公司表示外部权益融资是他们最后选择的融资方式。从问卷调查结果可以看出，企业的融资次序依次为内部资金、负债融资、可转换公司债及普通股。Viswanath（1993）认为企业选择何种融资方式取决于企业价值是否被低估。对于低估值企业，管理层不想通过发行被低估的证券来稀释现有股东的股权价值。Jung 等（1996）研究发现企业选择何种方式融资与具体公司特征相关，企业所得税支付占总资产比例越高时，企业越不会选择股权融资。而过去股价有较高超额回报率和投资机会较多的企业更倾向于股权融资，且企业规模越大，越倾向于债务融资。这与优序融资理论的观点相反，按照优序融资理论，公司规模越大，其信息披露程度应该越高，信息不对称程度越低，越会选择权益融资。Helwege 和 Liang（1996）使用了 Logit 模型，通过考察 1983 年上市公司的融资情况，进而对优序融资理论进行了验证，预测了企业外部融资的概率和预测企业使用不同融资方式的概率。结果发现，企业获得外部资金的可能性与内部资金是否短缺无关，企业内部资金剩余仅影响企业使用私人债务融资（银行贷款等）的可能性，与企业在公开市场发行债券融资并不相关，公司选择融资顺序时并不遵循优序融资理论。Gul（1999）研究发现了企业获利能力与负债水平呈现负相关关系，获利能力较高，企业内部资金越多，企业对外发行债务融资的概率越小，这一观点与 Myers 和 Majluf（1984）的观点一致。Bolton 和 Freixas（2000）研究认为企业的融资偏好与企业的风险偏好息息相关。高风险偏好的企业倾向于向银行贷款，中等风险偏好的企业倾向于股权融资，而低风险偏好企业偏向于发行债券融资。Kayhan 和 Titman（2007）提出了一种介于权衡理论和优序理论之间的折中观点，引入了修正的优序融资理论，即短期资本结构受优序理论的影响，而长期资本结构受权衡理论的影响。

企业成长周期理论也是企业融资理论的重要研究方向。企业如同所有生命体一样，均会经历出生、成长、老化、死亡的阶段。Weston 和 Brigham（1978）将企业的发展阶段分为初创期、成长阶段以及成熟期与衰退期。该文献认为，企业在创立之初往往难以获得外部融资，只能使用创业者自有资金进行经营。企业成长阶段过程中可以使用不断累积的利润进行经营，并逐渐进入资本市场，从短期信贷融资逐渐转向长期贷款以及资本市场各类融资。到了成熟期阶段，企业的融资手段已足够丰富，但由于企业盈利能力不再快速提升甚至逐渐下降，导致企业融资难度逐渐上升。最后，随着企业逐渐过渡到衰退期，外部投资者会逐渐从企业撤离。Adizes（1989）认为在企业成长周期理论下，企业组织因其所处的成长周期阶段的不同，企业的经营策略与组织结构亦会有所改变。

此后有许多文献对该理论进行了修正与扩展，Berger 和 Udell（1998）将企业规模、信息因素与宏观经济因素引入成长周期理论进行分析。研究认为，在企业成立初期或规模较小的时候，由于财务信息方面的透明度较低，主要是通过内部来源（家人和朋友）、商业贷款或通过天使投资人来为企业融资。然而，当公司经历更高的增长阶段时，它们可以获得不同的外源融资，如风险资本机构和金融市场等。Romano 等（2001）基于增长周期理论对澳大利亚家族经营的小企业规模和资本结构之间的关系进行了分析。研究表明，公司年龄对所有者的融资决策有重大影响。Gregory 等（2005）研究了金融成长周期理论对于中小企业的适用性问题，实证结果部分支持了该理论，模型使用员工总数衡量企业规模，发现规模较大的公司更有可能使用公开股权融资或长期债务融资，而不是内部融资。Sánchez – Vidal 和 Martín – Ugedo（2012）

基于金融成长周期理论使用西班牙中小企业的样本数据进行实证分析，结果发现企业倾向于基于自身规模与持续经营时间不断地调整融资结构。

企业融资理论发展、代表学者及其主要观点如表 2.1 所示。

表 2.1　　　　　　　　企业融资理论发展

融资理论	代表学者	主要观点
净收益理论、净营业收益理论和折中理论	Durand（1952）	净收益理论：债权融资比例越大，企业净收益越多，企业价值越高。 净营业收益理论：企业的加权平均资本成本与企业的资本结构无关，决定企业价值的是净经营收益。 折中理论：增加债务融资比例对公司价值是有利的，但必须适度。
MM 理论	Modigliani 和 Miller（1958）	完美的市场环境下，企业价值与资本结构无关。
修正的 MM 理论	Modigliani 和 Miller（1963）	仅考虑公司所得税时，债权融资可产生节税收益而提高企业价值。
权衡理论	Robichek 和 Myers（1966）	存在一个最优的杠杆率水平，使在该杠杆率水平下，杠杆的边际变动为企业带来的边际节税收益与边际破产成本相等，此时企业价值达到最大。
代理成本理论	Jensen 和 Meckling（1976）	随着公司债权资本的增加，债权人的监督成本随之上升，债权人会要求更高的利率，然而这种代理成本最终要由股东承担。因此，公司资本结构中债权比率过高会导致股东价值的减低。
信号理论	Ross（1977）	公司发行债券时传递了企业高质量的信号。
优序融资理论	Myers 和 Majluf（1984）	企业管理者拥有更多关于企业未来收益及风险的私人信息，企业融资方式的选择会传递这些信息，进而影响企业价值，因此应顺序地选择内源融资、债权融资和股权融资。
企业成长周期理论	Weston 和 Brigham（1978）	企业成立之初会使用自有资金运营，成长阶段使用短期借贷、长期借贷以及其他各类融资产品，到了成熟期尽管融资手段更多了，但是越来越难以融资，衰退期投资者会逐步撤离。

注：本书整理。

二、企业融资影响因素

企业融资主要是以企业经营状况和资金需求情况为分析依据，通过企业内部积累或与投资者、债权人合作来募集资金的一个过程。企业融资对于企业投资、生产运营等活动都有至关重要的影响。合理有效的融资决策是有一定实操前提的,即需要企业在正确认识分析所处的财务管理环境以及外部融资环境的基础上,合理预估将会面临的融资风险,从而为企业的融资决策提供理性依据。然而,在具体实践中,企业融资决策总会面临很多约束,这在某种程度上阻碍了企业投资和企业成长,成为国内外企业经营发展中面临的难题。因此,引起了学术界的广泛关注。通过梳理相关学术文献,发现影响企业融资的因素有很多,总体来说,可以分为内部影响因素和外部影响因素。外部影响因素包括外部金融市场、宏观经济政策、通货膨胀率、政府干预、制度环境等,而内部因素主要是指企业特征,如盈利能力、规模、有形资产比例等。

(一) 金融市场

金融市场又称为资金市场,是由资本市场和货币市场组成的。金融市场的发展水平越高,企业可以获得的融资越多。健全的金融市场发展对于优化资源配置、降低信息不对称程度与企业融资成本、防范金融风险、促进我国经济持续增长等方面发挥着至关重要的作用。Beck 等 (2005) 使用了 54 个国家的 4000 多家公司的数据,调查公司发展受限程度是否取决于金融市场发展水平,结果表明金融市场发展水平越高,公司融资约束越低。饶华春 (2009) 基于金融市场发展程度数据进行实证分析,发现金融市场完善程度能够有效缓解企业与外部资本市场参与者之间的信息不对称程度,有利于缓解企业的融资约束,并且这种影响集中体现在融资约束更严重的民营上市公司。王彦超 (2014) 指出,金融市场发展水平较高的地区,企业从信贷市场获得资金或更容易,企业融资方式也更加多样化。如果金融市场发展程度较低,难以从正规信贷市场获得融资的企业不得不转向信托、民间借贷等非正规渠道进行融资,企业融资成本较高 (陈道富,2015)。

金融市场的波动会引起企业股价的波动,从而对企业融资策略产生影响。Stein (1996) 提出了市场择时假说,研究了在无效率市场和理性企业管理者情况下公司的融资行为。研究表明,在低效率的市场中,企业管理者可以利用市场的低效率合理安排融资以获得收益,即在企业股价被高估时发行更多的股票,而在股价被低估时回购股票。Baker 和 Wurgler (2002) 提出了市场择时理论,认为股票市场状况对股权资本结构有显著影响。随着股市环境的变化，企业存在最佳融资时机，大多数企业应选择在股市情绪较高的阶段或自身股价高位上涨时期进行融资，以期通过把握市场时机将融资成本降至最低。Camara（2012）发表了对市场择时假说的支持，提出当股票市场状况有利时，高杠杆公司比低杠杆公司有更大的激励来调整目标杠杆。而 Mahajan 和 Tartaroglu（2008）发现，市场择时对杠杆的影响是短暂的，并在股票发行后5年内消退，这意味着向目标杠杆的快速调整。Huang 和 Ritter（2009）强调指出，随着企业迅速调整目标资本结构，目标资本结构会随着市场条件和企业特定因素的变化而变化，市场状况和过去的融资行为对企业当前的资本结构没有显著的持久影响，研究结果并不支持市场时机假说。

（二）宏观政策不确定性

经济政策不确定性包括政府当前政策调整所带来的不确定性（Feng，2001）、政府改变政策的不确定性和政府实施政策方面的不确定性（Gulen 和 Ion，2016）。对于经济活动参与者而言，经济政策不确定性的增加会提高管理者的决策风险和成本。此外，在市场监督者制定政策时，由于传导政策需要一定的时间，导致了政策制定者与执行者在认知理解上可能会存在偏差，增加了不确定性。Gulen 和 Ion（2016）研究以 1987—2013 年的美国企业为样本，发现了企业资本投资与未来政策和监管的总体不确定性水平之间存在很强的负相关关系。Bloom 等（2007）研究指出，经济政策不确定性会通过影响 GDP、投资、进出口、CPI 等价格指数对宏观经济增长产生显著影响。经济政策的不确定性会使企业外部经营环境更加复杂，会导致企业管理者的决策成本和风险的增加，进一步地会影响到经济的发展，因而引起了越来越多的研究者的关注。

宏观经济政策的不确定性又会对企业融资行为产生影响。Covas 和 Den Haan（2012）研究认为，宏观经济风险会提高贴现率，减少潜在的未来现金流，并降低股权市场价值，这表明公司的资本结构决策是顺周期的。Julio 和 Yook（2012）指出经济政策不确定性会使企业外部融资成本更高，进行外源融资更加困难。因此，在这种背景下，企业更倾向于内源融资。王义中和宋敏（2014）认为企业面临的未知风险越高，企业未来资金流动的不确定性程度越高，企业未来融资会越困难。当经济政策具有高度不确定性时，银行也会降低放贷比例，银企之间的信息不对称程度会较为严重，一旦企业发生偿还困难的情况，银行很可能立即停止向企业发放贷款。因此，当经济不确定性程度较高时，企业高管会发现难以预测未来企业流动的需要，此时高管更倾向于直接融资，如增发、配股或发行债券等。Pastor 和 Veronesi（2012）研究发现，经济政策的不确定性会加剧投资者的风险敏感性，从而要求更高的回报率，企业融资成本变高。陈胜蓝和刘晓玲（2018）认为，经济政策不确定性不仅会提高外部融资成本，而且会使内部经营的不确定性增加，从而会影响商业信用供给水平和期限，但社会信任提高、区域金融发展水平和公司市场地位可以缓解经济政策不确定性对商业信用的抑制作用。彭涛等（2021）将经济政策不确定性引入了风险资本的投资决策模型，并从理论层面和实证分析得出了经济政策不确定性显著降低了风险资本的风险承担能力，同时显著降低了风险资本的退出绩效。当经济不确定性较高时，企业融资较为困难，风险资本对高科技企业和早期阶段企业的投资偏好降低。

（三）通货膨胀率

通货膨胀率是重要的经济观测指标，从宏观层面来说，对国家保持经济平稳运行、提升资源配置效率、促进收入分配公平起到不可忽视的作用。从微观层面来看，通货膨胀率也影响了企业的融资行为。当存在通货膨胀时，企业的实际利率降低，原材料和人力资本上升，企业对外部资金依赖程度变高。当通货膨胀率过高时，央行可能采取货币收紧政策，选择加息的方式抑制通货膨胀，此时企业贷款利率提高，企业融资成本较高。Hatzinikolaou 等（2002）认为通货膨胀增加了收益、价格、成本结构、现金流的波动，从而增加了不确定性和商业风险。

饶品贵和张会丽（2015）使用未来预期物价指数衡量预期通货膨胀率，发现预期通货膨胀率与企业现金持有存在显著的正相关关系。因为存货等原材料的价值容易因通货膨胀率而贬值，使企业现金流波动不确定性的风险增加，进一步对企业融资产生了影响。李青原等（2015）研究发现，预期通货膨胀率会影响企业的债务融资成本，如果企业以固定利率借款，则当发生通货膨胀时企业的实际利率会变低，企业会选择向银行申请更多的贷款。另外，通货膨胀往往伴随着高不确定性，企业为了规避未来通货膨胀带来的货币政策收紧引起的融资成本过高等问题，企业会提前行动向银行申请贷款。

（四）政府干预

政府的手，对企业来说，可能是"帮助之手"，也可能是"掠夺之手"。首先，政府可以直接给予企业资金补助，包括科技专项资金、财政补贴、创新奖励等。一方面，政府补助可以直接缓解企业的融资约束（Bronzini 和 Piselli，2016）。另一方面，基于信号理论，政府补助可以为企业带来认证，提高企业在市场中的竞争地位，即有政府补助的企业可以向市场传递积极信号以获得更多的后续融资。Lerner（2000）对美国的上市公司进行实证分析，发现获得政府资金支持的企业，还会同时获得政府声誉等隐性资源，因此投资者会更加信任政府支持的企业。其次，政府能够通过税收、监管等方式影响资源的配置效率，进而干预企业的生产经营。Berger 等（2001）研究了美国 1993 年监管机制改革对企业融资的影响，发现监管机制改革改善了信贷环境，提高了中小企业融资成功的概率。

但是，政府的不当干预也会影响社会资源配置，比如非"政治关联"企业融资较难，造成了经济运行整体效率的下降。政治关联在世界各国是一个普遍存在的现象，无论是在发达国家或是发展中国家，政治关联是影响社会经济活动的重要因素之一，特别是在法律制度不完善的新兴市场，其影响更加明显（Faccio 2006），政治关联已成为不健全制度与环境下的替代机制。在我国，国有企业或者有政治关联的企业可以获得更多的银行贷款，更优惠的税收政策以及更高的市场占有率。因为国有企业普遍比民营企业经营时间长，在资产和财政资金等方面优势明显。与私营企业相比，国有企业会更频繁地与银行合作，具备相对完整的信用记录，因此在贷款评估过程中具有高透明度。相比之下，民营企业的透明度相对较低，运营和财务管理也不规范，银行对其进行资质评估时也较为困难。

Khwaja 和 Mian（2005）研究发现，有"政治关联"的企业，即使违约率较高，也可以获得更多的贷款。Fraser 和 Zhang（2006）以马来西亚的公司为样本，实证检验了政府支持与杠杆率之间的关系。研究发现，受政府"庇佑"的公司可以获得更多的债务融资。Claessens 等（2008）研究发现，在竞选期间，对竞选贡献更大的企业享有更多的债务机会，如果这些企业对获胜者有贡献，以后将会获得更多的债务融资。银行在向与政治关联的企业贷款方面主要原因是，如果将来这些公司面临财务困境，有政治关联的企业更有可能得到政府的救助（Faccio等，2006）。

（五）制度环境

制度理论学者认为，外部压力会影响组织的策略行为。良好的制度环境是企业融资行为的重要保障，能够降低企业的融资风险。企业的创新活动涉及很多商业核心技术，如果企业的核心机密被泄露和盗取，则将承受巨大的损失。因此，良好的知识产权保护制度是企业进行创新活动的"保护伞"，不仅可以使投资人提高投资意愿，还可以激励企业创新。在地区知识产权力度保护较高的地区剽窃专利会面临巨额赔偿，大大降低了创新成果被侵权的可能性，从而确保高研发投入企业可以获得相应的高额回报，也会提高投资者的投资意愿。

Ueda（2004）认为，企业的创新活动具有高度信息不对称的特征，对于不了解企业技术的投资者来说，他们很难对企业创新技术项目进行估值，但如果企业对这些投资者透露了企业的核心技术，投资者很可能就不会去投资企业，转而去盗取这些核心技术用于自己的研发项目。潘健平等（2015）研究认为，在知识产权保护力度较高的地区，投资者认为其投资回报会更加安全，也更加愿意投资企业，从而保证了企业有更多的资金去进行技术创新活动。若不用担心专利成果泄露的问题，企业会自愿披露更多的专利信息，进一步降低了企业和投资者的信息不对称程度，有利于企业后续融资。吴超鹏和唐菂（2016）认为，企业和投资者之间的信息不对称问题影响了企业融资成功的概率，但如果政府加大知识产权保护力度，则可以提高企业融资成功的概率。

（六）企业盈利能力

企业盈利能力越强，越可能保留更多的留存收益，企业更倾向于内源融资而不是外源融资，因为内源融资的成本小于外源融资的成本（Myers和Majluf，1984）。即使盈利能力较强的企业选择进行外源融资，其融资成本也远远低于盈利能力较低的企业。因为企业盈利能力较强则代表获利能力强，企业未来现金流量更稳定，企业价值会更高，投资者投资回报率也会更高。因此，盈利能力较高的企业相比盈利能力较差的企业更容易获得外部投资者的青睐，企业融资成本也更低。此外，债权人也倾向于向盈利能力强的公司提供贷款（Rajan 和 Zingales，1995）。

Abor（2005）以加纳证券交易所上市公司为样本，研究了企业盈利能力与资本结构之间的关系，发现短期债务与企业盈利之间存在显著的正相关关系，而长期债务与总资产的比率之间存在负相关关系。祝继高和陆正飞（2012）研究发现，在我国核准制制度背景下，资本市场的有限资源会优先提供给业绩良好的企业，因此盈利能力较高的企业更有可能获得上市资格。郭文伟（2013）指出，企业的盈利能力越强，企业的信贷风险越小，越容易获得融资。詹宇波等（2018）研究发现，盈利能力较高的企业向外部投资者释放了积极的信号，相比盈利能力低的企业更容易获得外源融资。此外，盈利能力较高的企业获得贷款后会加大技术创新投资活动，为企业创造价值。

（七）企业规模

规模较大的企业因具有大规模投资实力以及规模经济优势，企业融资较为容易。Wald（1999）对日本、美国、法国和英国等发达国家的样本进行了检验，发现企业规模越大，企业债务融资越多。Hennessy 和 Whited（2007）检验了企业的融资成本与企业规模之间的关系，发现企业获得外部融资的机会随着规模和年龄的增加而改善，规模较小的企业相比规模较大的企业融资成本更高。Canton 等（2010）使用了欧盟企业的数据检验了企业规模对企业融资的影响，也发现了企业规模越小，企业融资愈发困难。研究认为，规模和年龄是影响企业融资的重要因素。

首先，较小的规模意味着企业拥有的资源和资产基础较少。Rajan 和 Zingales（1995）研究认为，规模较大的公司业务范围越广，破产概率越低，因此规模较大的公司更容易获得融资。Lins 和 Servaes（2002）则将公司规模表示为企业自开业以来长期累积的资源以及管理经验，发现规模较大的公司越容易开展投融资活动。此外，由于小规模企业可以抵押的贷款较少，导致了信贷市场信贷配给增加、贷款利率提高和契约更加严格。其次，小规模企业的破产概率较高。Baker 和 Martin（2011）认为尽管大公司可以比小公司以较低的利率发行债券，但它们的债务相比小公司较少，无法偿还债务的风险较低，因此被给予较高的信用评级，其与债务相关的代理成本很低。再次，小规模企业对供应商的议价能力较弱，尤其是面临不确定性突发事件时，小规模企业反应较慢，因此也降低了买方和供应商依赖小规模企业的意愿。比如，在新冠肺炎疫情期间，一般小企业的现金储备只能使其维持运营几周（Bartik等，2020）。在不确定性环境下，小规模企业的现金流更加不稳定，因此小规模企业与供应商谈判时话语权较少，在竞争激烈的市场中难以维持和客户的稳定关系（Kaufmann等，2012）。最后，基于信息不对称视角，小规模企业相比大规模企业信息透明度低，因而融资成本更高。Scherer和Ross（1990）认为信息不对称是导致小规模企业难以融资的原因。小规模企业成立时间相对较短，没有完整的财务信息，而成熟的大企业已经向投资者展示了经营成功项目和盈利的能力，因此大规模企业通常比小规模企业更容易获得资金。

（八）有形资产

有形资产（如厂房和设备）比无形资产（如专利技术和商标）更容易被外界评估，并且可以作为抵押品，减少贷款人因债务代理成本而面临的风险。同时，有形资产在清算时也应保留更多的价值。企业的无形资产通常与创新实施、技术开发或营销活动有关。企业的无形资产缺乏实物，没有财务体现，且这类资产的估值既困难又不确定。因此，如果企业有形资产占比（固定资产除以总资产）越大，贷款人就越愿意向企业提供贷款。此外，资产的有形性使得股东难以用高风险资产替代低风险资产。较低的预期财务困境成本和较少的与债务相关的代理问题预示着资产有形性和企业杠杆之间存在正相关关系。

Long和Malitz（1985）研究发现，企业的创新活动会降低企业有形资产比例，企业抵押品价值较少导致了企业举债能力下降。Myers（2001）研究发现，无形资产和企业杠杆之间存在反比关系。Frydenberg（2004）对挪威的企业进行了调查，发现固定资产比例较高的企业其长期债务会更多。Hall等（2010）研究认为，由于创新型企业的人力资本等无形资产占比较高，而企业并不能使用人力资本作为抵押品获得融资，况且技术人员的离职率较高，因此无形资产占比高的企业融资较为困难。

三、企业融资的经济后果

（一）融资结构与企业价值

企业的融资结构，即企业通过融资所实现的资本结构。自20世纪50年代起，企业的资本结构与企业价值之间的关系引起了理论界和实务界的广泛关注。Modigliani 和 Miller（1958）认为，在某些情况下，公司的总价值与公司的资本结构无关。也就是说，融资决策不影响投资决策，因此融资不改变企业价值。然而，MM 理论有一系列严格的假设条件，如假设不存在信息不对称、不存在交易费用、没有税收、所有债务都无风险等，这些前提条件在现实生活中是很难成立的。因此，Modigliani 和 Miller（1963）进一步放松了假设条件，考虑了税收存在的情况下，即存在税盾效应（利息可以抵税）的情况下，企业价值会随着债务融资的提升而提高。同时，他们提出了极端的预期，认为企业的最优资本结构是 100% 的债务融资。这一观点引起了学术界的广泛争议。Robichek 和 Myers（1966）、Hirshleifer（1966）、Kraus 和 Litzenberger（1973）认为，一方面债务融资的税盾效应会增加企业价值。但另一方面，随着债务融资比例提高，企业的杠杆风险越大，企业越容易破产，企业价值降低。对于融资企业而言，一个最优的投资决策是使企业价值最大化的投资决策，而最优的融资决策是使企业融资成本最低的决策。因此，企业在决定资本结构时，必须要权衡负债融资带来的税盾效应和破产成本，从而使企业价值达到最大化。随后，很多国内外学者围绕债务融资和股权融资开展了资本结构与企业价值的相关研究。

现有文献主要从公司治理水平、税盾效应、信号传递等角度探讨了债务融资对企业价值的积极作用。债务融资的治理作用来自于破产的威胁、自由现金流的减少和债权人的监督。Jesen 和 Meckling（1976）认为，债务融资可以作为一种有效的约束手段，可以战略性地用来遏制经理层违背股东价值最大化目标的管理行为。若公司无法偿还债务，债权人有权处理公司资产和接管公司，而这对管理层来说意味着控制权的丧失。因此，来自破产的威胁会对管理层的行为起到一定的约束作用（刘淑莲和周雪峰，2011）。Auerbach 等（1984）认为，由于债务融资利息的抵税效应，企业通过发行债务的方式进行新项目的融资成本比通过留存收益或发行新股票的成本要低。Ross（1977）认为债务融资是公司质量的一个信号。特别是在均衡状态下，公司的负债权益比率与其市场价值之间将存在正相关关系。Grossman 和 Hart（1980）研究发现，债务融资具有信号效应，因为如果管理层不发行债务，投资人就会认为管理层不受约束（因为没有破产的威胁），管理层不会以追求企业价值最大化为目标，市场会给予企业较低的估值，企业融资成本较高。相反，如果管理层发行债务，那么外部投资者会认为管理层不追求利润最大化的成本很高（因为当公司破产时，管理人员会面临被解雇的威胁）。在这种情况下，市场会给予企业较高的估值。因此，企业价值与公司的债务水平之间存在着正相关的关系。

然而，一些学者认为债务融资会造成企业投资不足和成本上升等问题，不利于企业价值提升。Myers（1977）首次提出了债务积压（Debt Overhang）的概念，即当企业负债比例过高时，企业可能由于无法偿还债务而放弃很多NPV为正的投资机会，产生投资不足问题，降低企业价值。Sarkar 和 Sarkar（2008）指出，债务融资使企业不得不定期支付利息，不仅减少了企业当期的会计利润，也限制了企业在下一个会计期间的可用现金，而现金的短缺可能使企业不得不放弃有利可图的投资机会，不利于企业价值提升。更严重的是，高额的债务成本可能会导致企业无力偿还和破产。孙早和肖利平（2016）研究发现，相比于股权融资，债务融资不利于企业的创新活动，这种情况在民营企业中更为严重。Maksimovic 和 Titman（1991）认为债务融资会使企业在生产经营过程中降低产品质量，增加当期现金流量用以偿还短期债务，特别是当企业陷入财务困境时，企业会削减成本和降低产品质量，以避免立即破产。Berk 等（2010）指出，如果企业负债比率上升，规避风险的员工会要求支付更高的工资。这是因为企业可能因无法偿还过高的债务而破产，导致了员工可能面临失业的风险，因此会要求风险溢价补偿。

尽管一些文献指出股权融资会向外部投资者传递负面信息，引起股票价值下降（Myers 和 Majluf，1984），但是对于创业企业而言，股权融资在推动企业成长、提升企业价值中具有重要的作用。Scherer 和 Ross（1990）指出，由于创业企业成立时间较短，历史业绩不完整，银行和企业之间存在严重的信息不对称，且企业可供银行抵押的抵押品价值较低，从而产生了银行等金融机构对企业的信贷配给。因此，股权融资成了创业企业成长中的重要手段，而在各种资本中，风险资本成了创业企业最重要的融资来源。风险资本对创业企业价值的提升作用主要来自于提升公司治理（Cho 和 Lee，2013）、降低道德风险（陈思等，2017）、缓解融资约束（胡刘芬和周泽将，2018）等方面。

然而，现实中企业的融资结构总会随着外部环境的变化而调整。在我国资本市场，政府会对企业的股权融资行为实施严格的监管，从而会对企业的融资结构产生影响。事实上,目前大部分融资结构理论都是基于美国资本市场构建的,而我国资本市场在资金供给状况、融资工具种类、政府监管环境等各方面都远远落后于西方成熟资本市场。因此,既定的理论不一定适用于新兴资本市场。在我国资本市场中,企业首次公开发行(IPO)和再融资需要进行严格的审查和监管,导致企业股权融资的不确定性较高。此外,符合发行准入条件的上市公司,在发行定价、发行时间、发行节奏和发行规模等方面,还需遵守行政法规。例如,监管部门会在股市低迷时期或因特殊需要暂停股票发行,而在股市上涨时放松对发行节奏的监管。从宏观上看,对股票发行的监管和限制有助于促进新兴证券市场的持续稳定发展,提高宏观调控的有效性。但对于企业而言,在产品市场竞争日益激烈的情况下,监管和限制给企业股权融资带来了很大的不确定性,企业很难确定未来能否顺利通过股票市场融资。这种未来的不确定性不利于企业进行股权融资,进一步影响了企业的融资结构。

Wang 等(2011)以中国上市企业为样本,检验了再融资监管政策对公司最优资本结构的影响。结果表明,企业再融资监管政策的变化显著影响上市公司最优资本结构。Wang 和 Zhu(2013)通过建立数学模型,检验了股权融资监管对企业经营过程中资本结构决策的影响。研究发现,公司外部股权融资的不确定性将导致企业的价值损失,这种损失会随着不确定性的放大而增加。另外,股票市场融资的不确定性也会影响公司最优资本结构的选择,不确定性越大,企业越倾向于股权融资。

综上所述,鉴于我国国情与成熟发达国家不同,我国资本市场主要是以政策为导向的市场,政策监管的不确定性因素较高。现有文献关于不确定性情境下的创业企业如何作出融资决策的相关研究比较匮乏,因此本书进一步研究了在不确定性情境和信息不对称情况下,创业企业的融资决策与企业价值之间的关系。

(二)融资约束的经济后果

关于企业融资约束的经济后果,以往文献主要从企业投资、企业业绩和管理层决策等视角研究融资约束对微观企业的影响。本部分将分别从以上3个角度对以往文献进行梳理和回顾。

1. 企业投资

融资约束对微观企业层面的影响,尤其是对企业投资决策的影响是学术界重点关注的领域。Fazzari 等(1988)将融资约束界定为企业因融资成本过高而无法达到最优投资水平的现象。Whited 和 Wu(2006)基于标准跨期投资模型构建了融资约束指数,发现融资约束水平与跟踪企业的分析师平均数量之间呈现负相关关系。相较于低融资约束水平组,高融资约束组的平均投资减少 18%。高融资约束组的现金资产比例略高,资产负债率略低,可能是由于融资约束的存在,企业会实施预防性储备,以积累流动资产进行投资。Guariglia(2008)以未上市的英国企业为研究对象,使用现金流来测量内部融资约束,使用企业规模和年龄来测量外部融资约束,检验投资对现金流的敏感性是否会根据融资约束类型的不同而存在差异。研究发现,外部融资约束较强且内部融资约束较低的时候,投资对现金流的敏感程度较高,表明成功的年轻小企业的投资可能会受到外部融资的严重限制。Campello 等(2010)以问卷调查研究方式,对经历过 2008 年金融危机的 1050 个首席财务官(CFO)发放问卷,研究融资约束对企业投资的影响。研究结果显示,在受到金融危机冲击时,那些融资约束较高的企业会由于外部融资能力受限而倾向于减少投资。相反,那些融资约束程度较低的企业不会削减投资。

再者,融资约束除影响一般性投资活动外,还会对企业的研发支出等创新投资产生抑制作用。企业的创新能力与其核心市场竞争力、行业影响力和成功转型息息相关。在当今竞争激烈的环境中,产品的生命周期一再缩短,因此不断加大创新投入才足以维持企业的竞争力。尤其是对科技创新型企业而言,存在"赢家效应",即越早推出新产品,企业市场份额就越大。但是与资本支出不同,企业研发投资需要筹集足够多的资金去进行测试,否则就要暂停研发项目。如果企业竞争对手有充足的资金提前完成研发项目,那么该企业的价值会降低。因此,融资约束对研发密集型企业的影响要远远大于非研发密集型企业。Yin 等(2019)采用世界银行 2012 年中国企业调查数据,检验融资约束对企业研发投入的影响,以及首席执行官(CEO)特征的调节作用。实证结果表明,企业融资约束对其研发投入有显著的抑制作用,CEO 经验对财务约束与企业研发投入的关系具有非线性调节作用。当 CEO 经验过于丰富时,CEO 经验的正向调节作用开始下降,甚至变为负向。Beladi 等(2021)基于 2005—2016 年中国沪深两市上市公司数据,系统检验现金流不确定性与创新投入的关系，并检验了融资约束对二者关系的调节作用。实证结果表明，现金流的不确定性会降低创新投入，融资约束会加剧现金流不确定性对创新投入的抑制作用。现金流不确定性较高的企业对研发创新的投资更为谨慎，而现金流量较低的企业对研发创新的投资则较为激进。

无论是融资约束对企业一般投资活动的影响，还是对创新投资的影响，最终都会导致投资企业的投资决策扭曲，影响企业的投资效率。因此，现有文献还关注了融资约束对投资效率的影响。靳庆鲁等（2012）基于实物期权模型，检验了融资约束与民营企业投资效率的关系。结果表明，在宽松的货币政策条件下，银行放松信贷可以帮助企业获得更多资金，有利于企业执行增长期权，提高了企业投资效率。Lyandres（2007）认为融资约束与投资速度有关，若外部融资成本较低，随着融资约束的增加，企业投资速度加快，而当外部融资成本比较高时，随着融资约束增加，企业投资速度减慢，因此融资约束和投资速度呈现非线性关系。潘玉香等（2016）以2012—2014年我国文化创意企业为样本，研究了融资约束对投资效率之间的关系，发现受融资约束程度较高的企业，越容易发生投资不足的非效率投资行为。颜剩勇和王典（2021）将A股上市公司是否参与一带一路分成两组，检验了融资约束在企业社会责任与投资效率之间的中介作用。结果表明，非"一带一路"企业履行社会责任可以缓解融资约束，进一步提升了企业投资效率，而"一带一路"企业融资约束的中介效应不显著，原因可能是"一带一路"企业海外投资项目不确定性较高，融资约束更严重。

2. 企业业绩

也有一些学者关注了融资约束与企业业绩之间的关系。李科和徐龙炳（2011）认为融资约束和企业业绩之间存在内生性问题，二者之间存在互为因果关系，即融资约束的降低有利于提升企业绩效，但企业绩效的提高可以得到投资者和贷款人的信任，更容易得到外部资金，因此融资约束降低。因此，研究使用短期融资债券的推出作为外生冲击事件，短期融资债券的推出可以缓解信用评级较高企业的融资约束，但对信用评级较低的企业融资约束水平没有影响，从而为测量企业融资约束波动提供了一个较为理想的实验背景。岑维和童娜琼（2015）使用沪深300指数成分企业为样本，检验了融资约束对企业业绩和企业经营多元化之间的关系。研究表明，融资约束较高的企业，由于缺乏足够的资金拓展新业务，企业的多元化程度较低。总体而言，多元化经营会对企业业绩产生负面效应，而如果受融资约束影响的企业采取多元化策略，则会提高内部资本市场配置效率，进一步提高企业价值。邱静和刘芳梅（2016）认为货币收紧政策对融资约束较高的企业负面影响更严重，进一步影响了企业的业绩。徐辉等（2019）探讨了 IPO 超募融资和融资约束对企业投资支出和业绩的影响。研究表明，IPO 超募融资可以在短期内提高企业业绩，但融资约束会弱化二者之间的正向作用。此外，IPO 超募融资和融资约束会导致企业过度投资，过度投资现象越严重，企业未来绩效会更差。Bakhtiari 等（2020）以中小企业为研究对象，研究融资约束与企业绩效之间的关系。研究认为，中小企业的融资约束更值得研究，因为中小企业相比大型企业更易受财务约束限制。其原因是中小企业信息不对称程度较高，尤其是在融资市场上，企业所有者或经理对投资项目的价值和成功概率有更好的了解，而投资者无法对项目进行适当的评估，因此投资者会要求风险补偿，从而导致了中小企业融资成本较高，进而对企业绩效产生了负向影响。

3. 管理决策

企业管理层为了缓解融资约束对企业带来的负面影响，可能会调整管理决策，如流动性管理、盈余管理、对避税政策的调整等。关于流动性管理方面，连玉君等（2010）以 1998—2006 年 A 股上市公司为样本，检验了融资约束与流动性管理之间的关系。结果表明，高融资约束企业基于预防性动机，会倾向于实施流动性管理，如保留更多的现金或现金等价物，以提高跨期投资选择权的价值。苏柯等（2014）研究发现，金融市场发展水平的提高，可以显著降低现金持有水平，融资约束程度较高的公司会更加积极地进行流动性管理，而低融资约束公司流动性管理动机小。因此，金融市场发展对现金持有的负向效应在高融资约束企业中更显著。崔志霞和孟祥瑞（2021）也发现相比于受融资约束影响较小的企业，面临较高的融资约束企业更有动机实施现金流动性管理，当企业现金持有水平不足以维持正常经营或偏离目标时，融资约束程度较高的集团企业将利用内部资本市场，使现金持有水平向目标水平靠近，调整速度相比非融资约束企业会更快。

也有一些学者对融资约束与盈余管理之间的关系开展了研究。卢太平和张东旭（2014）研究发现，融资约束越高的企业的盈余操作越容易被识别，因融资约束诱发的管理层盈余操纵等行为成本会较高，导致企业更难获得融资。因此，融资约束越高的企业进行盈余管理行为的可能性越低。Farrell 等

(2014)研究发现尽管企业使用股票回购的方式用来增加每股收益是一种普遍现象，但融资约束的存在抑制了企业采用回购的盈余管理行为。此外，对于有可能从事盈余管理的公司来说，高融资约束会增加使用基于应计制的盈余管理，并减少使用其他实际盈余管理手段。然而，也有部分学者得出了相反的结论。贾新忠和袁卫秋（2019）选取非金融类上市公司为样本，检验了融资约束与盈余管理之间的关系。研究认为，融资约束水平越高，企业融资越困难，企业越倾向于使用真实盈余管理的手段，粉饰财务报表，以便获得外部融资和降低融资成本。

部分学者认为融资约束对企业的避税策略也会产生影响。Law 和 Milis（2015）以企业年报中的否定语调衡量企业融资约束程度，检验融资约束的高低与企业避税策略选择的关系。研究发现，融资约束企业当期和未来所得税收益较非融资约束企业更高，而实际税率较低，其重要的经营活动会倾向于选择在实行特别税收优惠的国家或地区实施。Goh 等（2016）研究了融资约束程度是否影响企业避税对权益资本成本的作用。研究表明，融资约束较高的企业，通过避税越有可能降低资本成本，证明融资约束企业因避税减少的现金流出的边际价值更高。避税作为企业一种潜在的替代融资方式，可以节约现金流支出。由于企业外部融资受到诸多限制，融资约束企业可能会选择使用更灵活的避税策略来替代外部融资策略。因此，企业应对避税收益与避税成本进行权衡，以便选择合理的避税策略。

第二节 企业价值相关文献

一、公司治理与企业价值

公司治理是指通过正式的或非正式的内外部制度来协调公司股东以及各利益相关者之间的利益关系，以确保决策的有效性，从而最终维护公司各方面的利益。唯有良好的公司治理，企业才可以在资本市场上获得资金，进而形成长期竞争优势。因此，公司治理是企业成败的重要关键因素之一。目前，所有权结构（即股权结构）是公司治理研究重点。张维迎（1996）认为，广义的公司治理结构基本等同于企业所有权安排，更确切地说，公司治理结构就是将所有权安排具体化，企业所有权则是公司治理的抽象概括。

国外学者关于公司治理与企业价值的研究积累了大量的研究成果。Shleifer 和 Vishny（1986）认为，股权集中在最大股东手中时，其监督能力较强，管理者所做决策将倾向于追求股东财富最大化。如果最大持股股东在某些情况下直接参与经营管理，就可以有效解决了外部股东与内部管理阶层之间信息不对称的问题，使企业价值提升。Harris 和 Ravis（1988）认为当企业的最大股东之现金流量权与控制权发生偏离的情况时，将大幅提高大股东对小股东进行财富侵占的可能性。此外，控制股东持股比率与在董监事会席位比率的背离程度越高，企业经营绩效越差。Pandey 和 Sahu（2019）使用了2009—2016年在印度孟买证券交易所上市的91家制造企业组成的平衡面板数据，并运用了固定效应模型，发现所有权的集中对印度制造企业价值有积极影响。Ciftci 等（2020）以土耳其的家族企业为样本，研究了家族企业公司治理与企业价值之间的关系。结果表明，当家族企业所有权更加集中时，企业绩效表现更好，因为所有权集中意味着控制型家族企业承担了更多业绩不佳的风险。Ganguli 和 Deb（2021）使用了标准普尔500指数中265家非金融、非银行和非PSU的印度公司的样本，研究了所有权结构对印度公司会计和市场表现的影响。研究认为，所有权越集中意味着企业业绩越好。此外，公司业绩受到董事会规模的积极影响，但不受董事会独立性的影响。Wahidahwati 和 Ardini（2021）研究结果表明，企业公司治理水平越高，公司的控制系统越好，公司价值越高。研究认为，公司治理通过提升企业社会责任履行水平来增加企业价值。也就是说，公司治理水平高的企业越倾向于履行社会责任，投资者也会给予积极反馈，从而提高了企业价值。

也有一些国外学者证实了董事会与企业价值之间的关系。Rashid 和 Islam（2013）认为董事会规模越大，越可以通过利用董事会成员的不同专业知识对企业价值产生积极影响。Bhat 等（2018）研究了在不同产权性质情况下，公司治理对企业价值的作用是否存在差异。结果表明，国有企业董事会规模与企业价值之间存在显著的正相关关系。然而，非国有企业中的董事会规模与公司价值之间的关系并不显著，且呈负相关。在国有企业中，董事会会议的频率与公司价值之间没有显著的正相关关系。然而，在非国有企业中，董事会与企业价值之间的关系呈负相关且不显著。Khaoula 和 Moez（2019）通过研究2005—2012年105个欧洲公司的样本发现，董事会的多样性和独立性与企业价值之间呈现出了显著的相关关系。研究指出，当董事会主席兼任首席执行官时，会对企业价值产生一定的负面影响。Wu（2021）使用 CEO 两职合一和独立董事的比例作为董事会独立性的指标，实证检验了董事会独立性对企业绩效的影响。结论表明，CEO 两职合一和独立董事比例分别对企业业绩产生负向和正向影响。Souther（2021）使用了 682 只封闭式基金样本来检验董事会独立性和公司价值之间的关系，发现了独立董事对企业信息披露提供了更好的监督，董事会独立性与企业价值显著正相关。

关于国内学者的研究，钱美琴等（2015）以我国日用品上市公司为研究样本，分析了股权集中度对公司绩效的作用。研究表明，第一大股东持股比例与公司绩效之间呈现倒"U"形关系，股权制衡水平与企业绩效显著负相关。甄红线和王谨乐（2016）认为，当股权集中于有控制权的主要股东时，大股东有侵占小股东和其他利益人的动机，并会对企业信息披露进行干预，从而加剧了企业融资约束程度。夏鑫和杨金强（2017）认为在不完备的市场条件下，控股股东侵占行为现象更严重。因此，在我国不完备的市场情况下，企业普遍存在股权集中度高和控股股东侵占中小股东利益的现象。罗进辉等（2018）研究了公司治理在企业修改反收购条款中的作用。总体来说，我国市场投资者认为反收购条款的修改有利于提升企业价值，但第一大股东持股比例和企业民营企业的产权性质会降低市场对反收购条款的正面反应。袁晓玲等（2020）以新三板企业为研究对象，发现股权越集中企业决策越极端，不利于发挥监督机制。因此，股权集中度越高，企业价值越低。单春霞等（2021）基于企业异质性视角，研究了政府补助、股权集中度和企业成长性之间的关系。研究表明政府补助对企业滞后一期的成长性显著正相关，而股权集中度和股权制衡度在二者的关系中起到负向调节作用。

此外，部分国内学者也探讨了董事会特征与企业价值之间的关系。刘建华等（2019）使用了联立方程组模型，研究了董事会特征在创新投入与品牌价值之间的作用。研究认为，董事会规模正向调节了研发支出与品牌价值之间的关系，但总经理和董事长两职合一特征负向调节了二者之间的关系，且董事会持股比例和独立董事占比对二者之间的关系没有明显的调节作用。刘文虎等（2020）使用 Tobit 回归模型，以科技型企业为样本实证检验了董事会不同特征与企业技术创新效率之间的关系。结果表明，董事会规模与企业技术效率呈现负向关系，而董事会召开会议频率、董事会薪酬总额与技术效率显著正相关。丁潇君等（2020）以2008—2017年度A股上市公司为样本，检验了董事会国际化、研发操纵与公司创新绩效之间的关系。研究指出，董事会国际化背景可以显著提升企业创新绩效。企业研发操纵对创新绩效显著负相关，但董事会国际化背景可以缓解二者之间的负向关系。祝继高等（2021）研究认为，非控股股东董事投反对票或者弃权票可以显著降低企业的代理成本和提高企业的经营效率和价值。曹福刚（2021）基于董事会决策视角，验证了董事会技能多元化对公司并购绩效的作用。结果表明，董事会团队的技能多元化与企业并购绩效呈现显著正相关关系，但是董事长的权利会显著削弱二者之间的关系。

二、技术创新与企业价值

技术进步与发展对推动我国经济转型升级至关重要。技术的发展不仅可以帮助企业及时推出新产品、降低制造成本，还可以提升整个国家的竞争力，而技术的进步需靠不断地创新才能达成。尤其是在竞争激烈的环境中，产品的生命周期一再地缩短，因此不断地创新才是维持企业竞争力的重要保障。Schumpeter（1934）强调了创新对经济发展的重要作用，并提出创新是企业的核心竞争力。Utterback和Afuah（1998）认为，创新是将新知识应用于提升企业竞争力，并通过开发新项目或提供新服务来提升企业价值。创新的概念从广义上来说，可以分为技术创新与非技术创新两类，其中技术创新是产品或制造工艺的创新或改进，而非技术创新是指管理技术创新类型与知识管理类型对应关系上理念的突破或组织制度的变革。

国外许多学者就企业价值是否会受到技术创新的影响这一问题进行了探究。关于这一问题的探索起始于Griliches（1981）的研究，该研究发现企业价值会正向影响其研发和专利申请水平。Ben-Zion（1984）的研究也得到了同样的结论，他还指出在解释市场回报方面，研发支出的非预期部分也是十分重要的。Woolridge（1988）的研究表明，市场在评估证券价值时相当重视企业未来的长期发展，并对企业的长期投资（如大规模的研发支出）产生积极的反应。此时，企业的研发支出将不再被视为成本，而是一种企业价值增值的投资。Hsieh等（2003）研究发现，企业价值提升得益于创新活动的增加，然而与企业日常经营和传统固定资产投资不同，企业创新往往涉及新技术或新领域,失败的风险很高。由于创新过程风险较高、周期较长,且具有高度不确定性(Holmstrom,1989),因此创新必须要保证企业具有充足的资金投入和管理层的不懈努力(Ehie 和 Olibe,2010)。Du 等(2016)应用 CSMAR 数据库中 2013 年中国上市公司的数据,发现 R&D 的投入越多,越能提高企业竞争能力和企业价值。同时指出,足够的资产流动性可以提高公司运转能力和企业价值,且规模越大的企业往往资产流动性更差。研究还发现,R&D 投入和资产流动性的交互项表明,在足够的资产流动性下,R&D 的投入能更进一步提高企业价值。Glova 和 Mrázková(2018)使用 2011—2015 年的 304 家欧洲上市公司的样本观察数据进行分析,发现随着 R&D 费用占总资产比例的增加,企业价值的增长速度更快。

也有学者发现了在不同类型的企业中,创新投入对企业价值的影响效果有所不同。Ehie 和 Olibe(2010)应用了美国 26427 个公司 1990—2007 年的数据,研究在制造业和服务业之间,R&D 投入对企业价值影响的不同之处以及重大的经济衰退对结论的影响,研究中使用市场资本总额(产品总销量)来衡量企业价值。实证结果表明,R&D 会正向影响企业价值,且在遭遇重大经济衰退(如美国"9·11事件")之前,R&D 投入对制造业的正面影响要大于服务业,而重大经济衰退之后则相反。Kim 等(2021)研究认为,受融资约束影响的公司如果选择发放股利,其 R&D 投入对企业价值的提升作用要远远大于受融资约束的非股利支付企业。也就是说股利支付具有信号效应,会向市场传递其良好的未来前景。因此,有融资约束企业管理层有动机使用股利支付来加强 R&D 投入对企业价值的正向影响。Opoku-Mensah(2021)认为企业在 R&D 投资时,年龄是垄断租金的一个重要决定因素,且 R&D 对经济绩效的影响在不同的企业年龄之间是不同的。总体来说,企业从 R&D 投资中获得的垄断优势并增加了该行业企业的经济利润,从而增加了企业价值。但按照成立时间来考虑,与年轻企业相比,老企业从以往商业经历中获得了更多的经验,因此应拥有更高的增长持续性机会,其市场估值也应更高。

在国外学者研究的基础上,国内很多学者也对创新投入与企业价值之间的关系进行了探索。周江燕(2012)以我国制造业企业上市公司为研究样本,发现制造业企业研发投入强度普遍较低,当期研发投入与当期毛利率和下一期毛利率都有显著的正相关关系。杨中环(2013)认为在财务报表中增强 R&D 投入的披露,不仅有利于投资者作出决策,也有利于提升企业价值。

王燕妮和杨慧（2018）运用多元回归模型证明，研发支出与企业价值呈现显著的正向关系，且不同的融资方式会对研发投入与企业价值之间的关系产生不同的调节作用。梁微（2019）应用深市中小板制造业企业2011—2017年的数据。研究发现，技术创新和服务性价值主张创新均能够有效提升中小板制造业企业价值。此外，进行了技术创新的调节效应检验，发现技术创新能够显著增强服务型价值主张创新对企业价值的积极效应。苏媛和李广培（2021）研究了中国环保上市公司绿色创新能力的影响，发现环保企业绿色创新能力通过提高企业产品差异化程度显著提升了企业的竞争力。

国内学者也发现了在不同条件下，企业的技术创新激励作用不同。陈海声和卢丹（2011）认为，企业研发投入对企业经营业绩的提升效果与企业产权性质有关。非国有控股企业的研发支出对后一年的经营绩效显著正相关，而国有控股企业的研发支出与企业后一年的经营绩效不相关。潘健平等（2015）研究发现，投资者认为在知识产权保护力度较高的地区进行投资其权益能够得到保障，也更加愿意投资企业，从而企业可以有更多的资金去进行技术创新活动。如果企业不用担心专利成果得不到保护，企业也会自愿披露更多的专利信息，其他企业也可以更好地从披露的专利信息中去学习，从而形成创新联动效应，有利于社会的整体进步。吴超鹏和唐菂（2016）研究发现，知识产权保护力度较强地区的企业，可以降低企业的研发溢出，从而促进创新投入和产出。黄福广等（2021）发现，由于技术溢出会产生外部性成本，因此技术溢出会抑制企业研发投入。但是，如果政府对这种具有高技术溢出的企业给予更多的补助，则会减少这种外部性成本的负面效应。朱艳丽等（2021）研究认为，企业间的研发支出会受到"同群效应"的影响，同行其他竞争企业加大研发投入则会对本企业绩效产生负面影响。

三、人力资本与企业价值

对企业而言最重要的核心价值就是员工，无论是有形的产品或是无形的资产，如顾客关系、研发技术等，都是利用人力资本建构而成的。优秀的员工可与公司同甘共苦，其公司股票更容易得到投资者的青睐，投资者也愿意溢价购买公司的股票，从而进一步推动股票价格提高。因此，人力资本的投入可以为企业带来产出和利润，进而让投资者追加投资，推动股票价格上涨，提升企业价值。此外，人力资本是企业创新活动的重要保障。企业创新活动往往就是创始人的想法和观点，企业家是创新活动的决策者，企业家对风险的把控、对技术人员的培养与开发，都会对创新效率产生直接影响。Aburumman 等（2020）指出，企业的人力资本，包括员工工作经验、教育背景、社会网络等都是企业的无形资产，相比有形资产，更难被对手所模仿，因此对提升企业竞争力具有重要的意义。

Stewart（1997）认为人力资本具有高度的独特性且难以模仿，员工的生产力和附加价值与企业价值正相关，具有高附加价值的专业人力资源越多，其所创造的利润也越高，对于企业贡献也越大。同时指出，虽然人力资本对企业而言很重要，但并非所有员工拥有的技能对企业而言都是有价值的。因此，若企业可区分并善用有潜力的人力资本，则可以为企业增加竞争优势。Roos 和 Roos（1997）指出人力资本是企业创造力的源泉，企业的稳定运行与发展扩张都依赖于员工的主动投入。员工凭借其专业能力、工作态度与市场敏感度，进而创造知识资本，从而帮助企业实现价值提升。因此，如何做好员工保障，尤其是激励高管与核心员工持续努力工作，逐渐成为理论界与实务界的共同课题。

国外具有代表性的研究有，Edmans（2011）探讨了员工满意度对长期股价回报的影响，认为员工满意度会随时间而产生创新产品等有形资产。因此，短期被市场错估值（Mispricing）的企业股价，会在员工创造有形资产价值后得到估值修复。Yu 等（2019）研究来自中国的 275 家企业，发现当企业实施员工管理，并对员工作出激励承诺时，员工满意度较高，流动率较低，企业绩效更高。Keum（2020）以 1972—2000 年 Compustat 数据库的上市公司为样本，测试了解雇员工对企业价值的影响。结果发现，解雇员工不仅会降低企业绩效，还会影响劳动力的扩张，以及资本投资、收购、资产剥离和营业额等，且这种负面影响会有一定的持续性。Aburumman 等（2020）认为员工是企业的资产，没有员工的贡献，企业的目标将无法实现。研究发现，员工薪酬影响离职意向，良好的薪酬可以降低离职率，最终提高企业绩效。

也有很多学者围绕高管持股与企业价值之间的关系进行了大量的理论与实证的讨论。Morck 等（2005）认为提高企业创新积极性的最有效措施是给予高管一定股份，使管理者与股东产生利益趋同效应。Schmid 和 Zimmermann（2007）以 145 家瑞士公司为样本，并使用联立方程模型，发现高管和董事的股权比例对企业估值有积极影响。此外，如果经理人对公司发展充满信心，也会增持股份。叶建芳和陈潇（2008）使用 OLS 模型对 A 股 2003—2005 年的上市公司进行了检验，结果发现高管持股与企业价值正相关。刘华芳和杨建君（2014）研究发现，经理人股权激励和大股东持股比例的提升都有助于提高企业的创新积极性，并且可以优化企业股权结构，进而对企业经营绩效和创新绩效产生积极影响。陈金勇等（2015）研究发现，与管理层未持股的上市公司相比，管理层持股的上市公司有更多的创新投入和创新产出，并且股权的适度集中有利于企业创新。Mazur 和 Salganik（2019）研究发现高管薪酬与公司价值呈正向相关，但与公司风险呈负相关。Gan 等（2020）探讨了高管薪酬对公司价值的影响。研究显示，基于股权的薪酬与公司的价值在一定程度上相关，基于股权的薪酬更能有效地使高管的管理行为与公司的长期价值保持一致。

然而，一些学者研究认为，管理层持股与企业价值之间呈非线性关系。De Miguel 等（2004）以西班牙上市公司为样本进行研究，发现当管理层所有权在 0—35% 区间内上升时，企业价值随之上升；在 35%—70% 区间内，企业价值会随着管理层持股比例的上升而下降；在大于 70% 范围内，企业价值又会随着持股比例的增加而上升。Morck（2005）以 Tobin'Q 值度量企业价值，发现管理层持股与公司价值之间呈现倒 "U" 形关系。Ruan 等（2011）研究认为，管理层所有权与公司价值之间存在非线性关系，在管理层持股水平较低的情况下，管理层持股比例的增加与管理层和股东的利益密切相关，有利于企业价值提升。然而，在管理层所有权相对较高的情况下，管理层持有股份比例的增加使管理层控制权更加根深蒂固，外部监督作用效力减弱，从而降低了公司价值。

国内学者也对人力资本与企业价值之间的关系进行了深入研究。彭彦敏和黄莹莹（2010）研究发现管理层持股比例和薪酬都与企业价值正相关，其中管理层持股比例与企业价值的相关程度更高。李益娟等（2016）基于管理层权力视角，发现了管理层持股可以促进企业成长，且国有企业管理层持股对企业成长的提升作用显著强于民营企业。张路瑶（2019）以 2012—2017 年软件信息服务企业为样本，建立了动态面板模型，阐述了人力资本与技术资本对企业价值影响的内在机理。研究结果显示，技术资本与人力资本对企业价值增长均有明显的促进作用，其中人力资本对软件信息服务业企业价值的促进作用更为显著。

同时也有部分国内学者持有不同观点。韩亮亮等（2006）研究显示，高管持股与企业价值存在非线性相关关系。在8%—25%区间，高管持股与企业价值呈现负相关关系，此时高管的"壕沟防御效应"大于"利益趋同效应"，而当持股比例高于25%或低于8%时，高管持股与企业价值呈现正相关关系，此时高管的"利益趋同效应"大于"壕沟防御效应"。梅世强和位豪强（2014）以2010—2011年度创业板上市公司为样本，检验了高管持股与企业价值之间的关系，发现持股比例小于20%或大于50%时，"利益趋同效应"占主导，而当持股比例介于20%—50%时，"壕沟防御效应"占主导。

四、风险资本与企业价值

从20世纪80年代起，风险投资如雨后春笋般涌现，发展迅速。风险投资简称"风投"或"创投"，其目的是对创业企业进行股权投资，给予创业企业所需资金以扶持初创企业成长，并通过退出等方式获得投资收益。风险资本通常从机构和高净值人群中筹集资金，然后投资于高风险、高回报的初创项目。与传统金融机构不同，风险投资是积极型投资者，他们通过投资前对企业项目进行集中审核、投资后严格监管等方式积极地参与企业日常运营，尽可能地提高企业价值。创业企业由于可抵押品价值低等原因，难以获得银行的贷款（Hall等，2010），因此风险投资是初创企业的主要融资来源。Gornall和Strebulaev（2021）调查发现，获得风投支持的上市公司占美国上市公司市值的1/5，这些风投支持公司的研发支出占上市公司总研发支出的44%。一些著名的公司，如微软、谷歌、星巴克、英特尔、联邦快递等都获得过风险资本的支持，逐渐从羽翼未丰的小企业成长为实力强大的大型企业。

国外大多数学者都认为风险投资可以为创业企业的成长和价值提升起到积极的作用。根据资源基础理论和资源依赖理论，企业要想获得成功，就必须建立起自身的资源可控性。不仅要注重对稀缺资源的积累，而且要保证这些资源是不可复制的。而现实情况中，初创企业因为起步晚，往往不具备快速积累优质资源的能力，因此需要借助风险资本的力量，而风险资本除了能够为创业企业提供财务支持，更重要的是能够为其提供人力资本。Warne（1988）指出，风险资本可以利用他们的知识和人脉网络帮助公司招聘关键员工，建立供应商和客户关系，并协助生产和运营。Sahlman（1990）研究认为，风险资本可以通过积极地参与企业运营，以降低委托人和代理人之间的信息不对称程度和代理问题。Bygrave 和 Timmons（1992）运用实证模型检验了风险资本对创业企业的作用。研究发现，风险投资不仅可以为初创企业提供财务支持，还可以帮助企业提升价值。Jain 和 Kini（1995）以 136 家有风险资本支持的企业司作为实验组，根据企业特征匹配了 136 家没有风险资本支持的企业作为对照组，检验了风险资本在企业 IPO 以后对其经营业绩的影响。研究发现，风险资本在企业 IPO 以后依然提供监督和增值服务，有风险资本支持的企业在 IPO 以后有更高的经营业绩，从而证明了风险资本对企业价值的增值作用。Hellman 和 Puri（2002）认为，风险资本会参与企业的日常经营，为企业创新出谋划策，并且风险资本具有很强的社会网络，能够为企业提供价值增值等服务。创业企业的创始人很多都是技术人员，技术能力较强但缺乏管理经验，也缺乏企业经营所需的社交网络，而风险资本可以利用其广泛的社会关系帮助创业企业实现创新技术成果的商业化，从而提升企业价值。

Kortum 和 Lerner（1998）研究发现，风险资本对企业的创新活动有积极影响，而创新活动对于企业成长和价值提升起着重要的作用。Manigart 和 Wright（2013）研究发现，风险投资支持与企业业绩之间存在显著的正相关关系。研究根据企业规模等特征将有风险投资支持的公司和没有风险投资支持的公司进行匹配，发现无论在风投退出前或退出后，有风险投资支持的企业比没有风险投资支持的企业有更高的收入增长率和资产增长率。Colombo 等（2017）研究发现，风险投资不仅给企业提供了资金支持，还帮助企业完善产业链的整合，促进企业快速成长。Da 和 Penas（2017）通过实证分析的方法检验了风险投资的投资规模与公司绩效的关系。结果显示，风险投资的投资规模具有信号效应，可以在一定程度上缓解企业与投资者之间的沟通压力，降低信息不对称对企业经营绩效带来的消极影响。Standaert 等（2021）使用了模糊集定性比较分析（fsQCA）的方法，发现风险投资支持的企业能够快速增长的前提条件是创业团队需具有强烈的增长愿望。

但也有一些学者持有不同的观点。Gompers（1996）发表了逐名理论，认为风险投资为了建立业界声誉，会促进不成熟的企业 IPO，但是过早地让不成熟的企业上市，会导致"拔苗助长"的后果。也就是说，机构经理人由于考核指标的业绩压力，可能存在行为上的短视化现象，即只关注被投资企业短期业绩而并不关注企业长期治理和经营中的问题。Clercq 和 Manigart（2007）认为风投为了增强退出时的权益，可能会对企业产生过度干预现象，因而影响了企业经营决策的制定。Tan 等（2013）实证检验了风险资本对我国中小板上市企业的影响，发现风险资本并没有在企业 IPO 过程帮助企业价值增值，也没有改善企业的经营业绩。相反，与没有风险投资支持的企业相比，风险投资支持的企业在上市前后都有更大程度的 IPO 抑价和更差的经营业绩。

从国内研究结果来看，蒋健等（2011）以在中小板上市的 218 家企业为研究对象展开分析，发现上市公司在获得风险投资后，会表现出更强的盈利能力和业绩水平。李昆和唐英凯（2011）研究表明，上市企业在获得风险投资后，与没有风险投资介入的企业相比，会表现出更高的成长估值和更敏锐的反应能力。孙杨等（2012）在对 2004—2009 年中小板上市公司进行了实证分析，发现公司的投资经验和风险投资占总投资的比重会正向影响公司经营绩效。董静等（2017）认为风险资本发挥了增值和监控功能，对创业企业绩效有显著的正向影响。进一步使用不确定性作为调节变量，发现创业企业面临的不确定性程度越低，风险资本对企业的监控越频繁，创业企业绩效越好。彭涛等（2018）选取 2004—2013 年我国中小板和创业板上市企业为研究样本，基于公司治理视角，检验了风险资本对企业代理成本的影响。结果表明，风险资本可以有效监督企业创始人和经理人，显著降低了第一类和第二类代理成本。何涌和王秀（2020）以 2009—2016 年创业板上市公司为样本，检验了风险资本异质性对政府补贴创新效应的调节作用。研究发现，国有背景的风险资本可以增强政府补助对创新产出的正向作用。曾蔚等（2020）探讨了公司风险资本对创业企业价值增值的影响机制，发现公司风险资本持股比例越高，越能提高创业企业的创新产出效率，从而推动了企业价值增值。

然而，有一些国内学者表达了不同的观点。侯建仁等（2009）研究发现，被投资企业的业绩会受到风险投资及其投资期限的负面影响，但被投资企业的成长性受到风险资本的影响甚微。谈毅等（2009）研究发现，获得风险投资的初创企业相比未获得风险投资的初创企业，其长期经营绩效和股票超额收益较低。贾宁和李丹（2011）发现，风险投资者会投资公司治理状况良好的企业，但是并不会积极改善被投资企业的治理状况，反而会粉饰企业业绩、帮助企业操纵盈余管理活动，甚至为了自身利益损害企业的长期发展。赵静梅等（2015）选取2004—2012年A股上市公司作为研究对象，检验了风险资本对创业企业生产效率的响。研究发现，风险投资整体上对创业企业生产效率没有明显影响，但如果把风投分为高声誉组和低声誉组，发现高声誉风险资本可以显著改善创业企业的生产效率，而低声誉风投反而降低了创业企业生产效率。蔡宁（2015）证实了风投的"逐名假说"，发现由于需要配合风险资本减持需要，同时创造对其有利的退出条件，风险资本支持的企业盈余管理程度更高、IPO后业绩更差。

第三节 多轮次融资相关文献

一、多轮次融资来源

企业在成长过程中，随着融资需求和融资能力的不断变化，其融资来源也会随之变化（Weston和Brigham，1978）。创业企业与成熟企业不同，由于成立时间较短，无形资产占总资产比例较高（Park和Steensma，2012），且抵押品价值相对较低，导致其难以获得银行贷款等债务融资，因而股权融资成了创业企业的首选融资渠道。在创业企业股权融资过程中，往往会优先选择向内部高管和核心员工进行融资（黄福广等，2019）。这是由于处于初创阶段的创业企业风险较高，企业难以获得外部投资者的投资，即使能够获得外部投资者的资金投入，投资者也会要求风险溢价补偿，导致了企业融资成本较高。而随着创业企业的不断发展，总体实力不断壮大，会逐渐吸引风险资本等外部投资者注资。风险资本等专业机构投资者的介入，不仅可以为创业企业提供财务支持，还可以为其经营管理出谋划策，不断促进创业企业成长。因此，随着创业企业的成长，其融资模式、融资结构和融资渠道也在不断发生变化（王声凑和曾勇，2012）。

创业企业向高管和核心员工融资，有利于增强企业凝聚力和竞争力。企业的人力资本，包括工作经验、教育背景、社会网络等都是企业的无形资产，相比有形资产，更难被对手所模仿，是企业形成核心竞争力的关键影响因素（Aburumman等，2020）。因此如何激励员工努力工作和避免人才流失，一直是创业企业重点关注的问题。创业企业向管理团队和核心员工发行股份，一方面可以缓解企业的融资约束，促进企业投资。另一方面，管理团队和核心员工认购股票，使得管理层和企业利益趋于一致，有利于留住核心人才，促使管理团队努力工作，最终实现企业价值最大化的目标（Kaplan 等，2009）。因为只有当企业的未来发展前景与管理层的利益息息相关时，管理团队才会为企业长远发展考虑，而不是为了短期利益而做出损害企业价值的行为。

创业企业向风险资本融资，有利于推动企业快速成长。根据资源基础理论，企业要想获得成功，就要注重对稀缺资源的积累，同时保证这些资源是不可复制的。而在现实情况中，很多企业往往不具备快速积累优质资源的能力，因此需要借助外部风险资本的力量，而风险资本除了能够为创业企业提供财务支持，还能够帮助企业研发产品（曾蔚等，2020）、制定融资计划、介绍潜在的客户和供应商（Gorman 和 Sahlman，1989）、寻找管理团队候选人、招募董事会成员（Tian 等，2016），参与企业的日常运营等活动（Hellman 和 Puri，2002）等，不断推动企业成长，实现价值增值。

在实践中，多轮次融资已成为创业企业成长过程中的一种常见现象（Dean 和 Giglierano，1990；Cornelli 和 Yosha，2003；黄福广等，2019）。随着每轮融资的目的不同，创业企业选择的融资方式也不同，且不同融资轮次之间具有价值揭示效应。通过向高管和内部核心员工发行股票，将内部员工转化为股东，不仅有利于激励管理团队，避免人才流失，还具有积极的信号作用，吸引了外部风险资本的后续融资。而风险资本的不断参与，揭示了高质量创业企业的价值，从而吸引了更多的内外部投资者参与，帮助企业快速成长。

二、多轮次融资适用企业范围

什么样的企业需要采取多轮次融资是值得学术界思考的问题。一些学者认为，多轮次融资是创业企业中的一种常见现象（Dean 和 Giglierano，1990；Cornelli 和 Yosha，2003；黄福广等，2019）。由于小而新的创业企业，在成长过程中往往需要大量的资金支持，但其自有资金往往不足以支撑企业正常的运营与发展，因而需要进行外部融资。创业企业与成熟企业不同，成立时间较短，无形资产占总资产比重较高，其价值难以被准确评估（Park 和 Steensma，2012），导致创业企业在发展的早期阶段难以获得银行等传统金融机构贷款。在这种情况下，创业企业难以一次性筹得项目所需资金，即使能够一次性获得所需资金，也会付出较高的融资成本。因而，创业企业对某一项目的融资计划，通常是分轮次融资的，而不是一次性将所需资金筹集完毕。

对于创业企业而言，多轮次融资是有益的：一方面，多轮次融资可以避免现有股东股权被过度稀释。如果创业企业发展状况良好，风险资本则会愿意在后面融资轮中支付更高的融资价格来获取相应的股权，从而避免了现有股东股权被过度稀释，为企业的后续治理与长远发展奠定了基础。另一方面，多轮次融资不仅缓解了创始人和风险资本之间的信息不对称程度，而且降低了投资者对企业未来发展不确定性的担忧。当创业企业准备推出新产品或进行技术改革时，由于其技术溢出现象较为严重，创始人可能因为不想泄露核心技术信息而不会向外部投资者透露全面的信息。若投资者不了解项目情况，则会要求较高的风险溢价补偿，导致了企业融资成本过高。而当创业企业选择使用分阶段、多轮次方式募集资金时，投资者可以通过后续跟进企业项目，了解到更多的项目信息，有利于降低企业后续融资成本。此外，随着创业企业的发展，其新技术和新产品也得到了一定程度的推广与运用，企业未来发展路径逐渐清晰，降低了投资者对企业未来发展前景不确定的担忧，有利于企业开展后续融资。

三、多轮次融资对创业企业的影响

多轮次融资对创业企业的成长有"激励"作用。首先，多轮次融资可以缓解投资者和企业家的信息不对称现象，有利于降低融资成本。Koçkesen 和 Ozerturk（2002）基于期权视角，指出了多轮次融资具有信息发现的作用，外部投资者随着时间的推移可以逐步发现创业企业未来发展前景和创业团队质量的新信息，从而作出明智的投资决策。Chemmanur 和 Chen（2008）指出，投资者普遍认为企业家掌握了更多的信息，而随着时间的推移，风险资本对创业企业有更多的了解，会缓解融资过程中的信息不对称现象，此时风险资本家会选择与企业家一起努力来增加企业价值。Hsu（2010）研究认为，多轮次融资有利于外部投资者定期收集和更新信息，从而使投资者更好地了解创业企业的当前状态和未来运行轨迹。Koenig 和 Tennert（2022）认为风险资本实际上是在每轮融资过程中更新企业信息,并将信息的内容和信息的特殊性纳入其估值过程。因此,随着企业的发展,风险资本会在后一轮融资中重新对创业企业进行评估,有利于降低企业融资成本。其次,多轮次融资有利于降低企业的代理成本。Gompers(1995)认为,对于具有高账面市值比、高无形资产比例和高研发投入的企业,其代理成本较高,而随着企业融资次数的增加,风险资本会加强对企业的监督控制。彭涛等(2018)研究也指出,企业的融资轮次越多,融资时间间隔时间越短,风险资本对投资项目进行监督和检查越频繁,企业的委托代理问题和企业家的自利动机越弱。最后,多轮次融资具有价值揭示效应。黄福广等(2019)研究认为,如果风险资本在后一轮融资中继续投资企业,则会被其他外部投资者视为积极的信号,有助于为其他投资者树立投资信心,便于企业获得后续融资。此外,前一轮融资中风险资本的参与,不仅能够促使被投资企业不断披露重要信息,也是帮助被投资企业不断揭示内在价值的过程,为后一轮的企业融资提供了积极的引导作用。

多轮次融资对创业企业的发展也有一定的"约束"作用。首先,多轮次融资会提高创业企业的交易成本。每轮融资都需重新签订契约,需要耗费大量的时间和精力与风险资本进行谈判,可能会使创业企业错过最佳融资时间。Witt和Brachtendorf(2006)也指出,初创企业的分阶段融资主要是为了降低投资者与企业之间的代理风险,但由降低风险所带来的收益会被分阶段融资所产生的交易成本部分抵消。尤其是如果企业融资轮次过多,较高的沟通成本和谈判成本,可能会使企业管理团队感到厌烦,丧失工作热情。其次,如果创业企业发展状况达不到风险资本的预期,企业难以获得下一轮融资,不利于企业的成长。尽管每一轮的付款可以立即完全支付,但风险资本公司倾向于在多轮次融资中提供外部股权融资的总额,即新谈判的融资合同的序列。在新一轮的融资中,双方很大程度上会设定新的融资条件。在风险资本家支付下一期款项之前,创业企业必须达到某些里程碑。这种里程碑可以是销售目标、新产品的开发阶段、获得客户或完成创业团队。因此,多轮次融资给了风险投资公司真正的选择权。如果一家创业企业未能达到融资合同中约定的一个或几个里程碑,风险资本家有权不参与另一轮融资,或向其提供资金,抑制了创业企业的发展。

第四节 国内外研究评述

通过梳理和回顾国内外相关文献，现有研究存在的不足之处主要有以下几个方面。

第一，现有研究关于多轮次融资和创业企业价值之间的相关文献较少。目前，仅有少数国内学者以案例研究的方式探讨了多轮次融资与创业企业价值之间的关系，基于计量分析的实证研究尚未发现。例如，钱峰国（2014）基于企业生命周期视角，以蒙牛乳业为例进行案例分析，研究了蒙牛乳业不同生命周期阶段的融资需求和融资动机，发现在企业不同生命周期阶段，企业融资需求和融资动机呈现动态变化，多轮次融资可以最大程度减少企业家由于融资所丧失的股权比例，使企业家牢牢掌握公司控制权，为后续企业价值的提升奠定了基础。黄福广等（2019）以案例研究的方式探讨了多轮次融资与企业价值之间的关系。该研究以启奥科技的6轮融资历程为例，发现创业企业通过多轮次融资可以降低投资人的风险，且每轮融资中风险资本的不断参与向外部投资者揭示了创业企业质量，有利于吸引更多的内外部投资者参与，不断推动企业快速成长，实现价值提升。尽管案例分析在一定程度上可以解释多轮次融资对创业企业价值的影响，但二者之间的关系仍需要经验数据的支持。

第二，既有研究讨论的企业融资来源较为单一，主要探讨的是创业企业向风险资本融资的影响，并未考虑到创业企业向高管和核心员工融资的作用（Tian，2011；Bienz 和 Hirsch，2012），也并未考虑到融资轮次之间的关系。然而，人力资本对企业价值提升起着重要作用（Gompers 等，2016）。Roos 和 Roos（1997）研究指出，人力资本是企业创造力的源泉，企业的稳定运行与发展都依赖于员工的主动投入。事实上，由于风险较高，创业企业难以获得外部投资者的投资，即使能够获得外部投资者的资金投入，投资者也会要求风险溢价补偿，导致了企业融资成本较高。因此创业企业往往会选择优先向核心员工和高管进行融资，而随着创业企业的不断发展，总体实力不断壮大，逐渐会吸引风险资本等外部投资者注资，而风险资本的介入又进一步吸引了内部高管团队和外部潜在投资者的投资。此外，前一轮的融资对后一轮的融资具有价值揭示效应，不断激励核心员工和风险资本努力工作，提升企业价值。因此，现有研究仅讨论向风险资本进行融资略显片面。

第三，以往研究主要基于信息不对称视角探讨多轮次融资的作用，认为多轮次融资缓解了创业企业和投资者之间的信息不对称程度（Hsu，2010；Koenig 和 Tennert，2022），而基于不确定性视角研究多轮次融资作用的文献较少。实际上，创业企业采取多轮次融资可以降低企业未来发展的不确定性风险的影响，从而进一步降低了融资成本，有利于企业实现价值提升。因为创业企业每一轮融资都会受到外部风险的影响，如政府不批准创新产品，竞争对手向市场推出更有效的替代技术，或宏观经济衰退导致许多市场的需求萎缩等。通过多轮次融资方式，创业企业将项目所需资金分别在企业发展的关键节点进行融资，如销售目标达成、新产品的开发取得进展、获得重要客户或市场占有率大幅提高等，不仅可以有效缓解资金约束问题，而且大幅降低了投资者对企业发展前景不确定性的担忧，从而降低了融资成本，促进了企业投资，最终实现企业价值提升。

综上所述，本书立足于中国创业企业实践背景，讨论了创业企业多轮次融资对企业价值的影响及其机制路径。本书聚焦于创业企业的融资轮次，其每一轮次的融资来源，可以相同，也可以不同。融资来源可以是企业高管核心团队，也可以是风险资本。此外，本研究认为多轮次融资的适用条件是创业企业，成熟企业并不需要使用多轮次融资策略。由于成熟企业发展不确定性较低，其发展所需要的资金，通常采取一次性融资方式获得。而创业企业通过多轮次融资，让投资者在不同融资阶段和轮次中充分认识到企业未来的发展潜力，缓解了投资者对企业发展前景不确定性的担忧，有利于降低融资成本。

第三章

多轮次融资与创业企业价值

创业企业由于成立时间较短，其信息不对称和不确定性程度较高，因而创业企业对某一项目的融资计划，通常是分轮次融资，而不是一次性将所需资金筹集完毕。创业企业通过多轮次融资方式，将项目所需资金分别在企业发展的关键节点进行融资，如销售目标达成、新产品的开发取得进展、获得重要客户或市场占有率大幅提高等，不仅可以有效缓解资金约束问题，而且大幅降低了投资者对企业发展不确定性的担忧，有助于降低融资成本，促进企业投资，最终提升企业价值。本章首先，从理论层面对多轮次融资与创业企业价值之间的关系进行论述，并根据理论分析提出了研究假设。其次，为验证研究假设，利用经验数据进行实证分析。最后，为了保证结论的可靠性与准确性，进行了稳健性检验。

第一节 理论分析与研究假设

一、多轮次融资策略动机

创业企业成立时间较短，未来发展存在高度不确定性，技术创新产品面临的失败风险较高，因此企业难以一次性获得融资计划中所需资金。在长期的风险投资实践中，为了规范创业企业的经营行为，实现创业企业和风险投资者的双方共赢，风险资本和创业企业往往会设计合理有效的契约机制。其中，分阶段投资（融资）策略，是风险资本和企业家最常使用的一种契约工具。有关创业企业采取多轮次融资策略的相关文献大致可以分为两类：多数文献是基于投资者视角，即风险机构投资者采取分阶段投资策略动机，少数文献是基于融资企业视角，即创业企业采取多轮次融资策略动机。

（一）风险投资分阶段投资策略因素

分阶段投资策略是指风险资本会依据企业项目进展情况，分批次向企业注入资金。每一轮次风险资本都需要和企业重新签订协议，投资的金额取决于项目的进展情况（Bergemann 和 Hege，1988）。一轮投资过后，风险资本没有义务进行下一轮投资，即风险资本保留了放弃项目的选择权。在分阶段投资中，只有企业发展前景较好时才会获得下一轮投资。一旦发现投资不及预期，风险资本可以拒绝继续投资。因此，分阶段投资是风险资本控制风险的重要机制，有助于帮助风险资本减少投资损失，缓解了风险投资资金的套牢问题（Tian，2011）。即使创始人威胁要离开公司并带走所有的人力资本，但随着时间的推移，创始人不可分割的人力资本变得可分割，即越来越多地体现在创业企业的有形资产中，从而降低了创始人的机会主义行为。

分阶段投资是缓解委托代理问题的重要机制。风险资本和企业家之间存在严重的信息不对称问题，参与分阶段投资的风险资本往往会参与企业的公司治理，如参与企业的董事会或者监事会等，因此分阶段投资缓解了风险资本和企业家之间的逆向选择和道德风险。Bienz和Hirsch（2012）指出，分阶段投资具有必要性，风险资本不仅会要求公司尽可能地披露更多的信息，定期汇报项目进展情况，还会与企业家保持长期紧密的联系，以便获得企业发展的内部信息。一旦发现企业项目进展不及预期，风险资本可以及时撤离企业，减少早期投资带来的失误，降低了资金被套牢的可能性（Neher，1999）。尤其是当企业资产价值难以衡量时，如企业研发投入和专利数量较多时，风险资本和企业家容易对企业估值产生分歧，这也可能导致企业家会为了短期业绩而牺牲企业长期绩效。Andrusiv等（2020）认为风险资本为了限制管理层的机会主义行为，通常会要求获得信息知情权和控制权，例如股票的转换权、投资决策的否决权和董事会席位。如果风投发现管理层的机会主义行为，风险资本家可以停止对企业的投资。这对企业创始人来说是一个严重的威胁，因为如果不能从现有投资者那里获得下一轮融资，往往会导致新创企业的清算。

分阶段投资能够对创业企业形成有效的激励监督机制。风险资本对企业的分阶段投资轮次越多，投资间隔时间越短，对投资项目进行监督和检查越频繁，企业的委托代理问题和企业家的自利动机越弱。每轮投资前，风投都会对创业企业进行重新评估，衡量企业的监督成本和代理成本。如果风投和企业家产生分歧，则可以缩短投资间隔，提高重新评估的频率。若企业业绩下降，则风险资本在随后的融资轮次中就具有更大的议价权，可以趁机压低融资价格。此外，若风投不进行后续投资，会向资本市场传递出企业发展前景不好的信号，使创业企业很难向其他投资者进行后续融资。因此，分阶段投资会激励创业企业提升资金利用效率（Kaplan和Strömberg，2003），对企业经营管理产生激励和约束效应。

（二）创业企业多轮次融资策略因素

尽管多数学者考虑创业企业进行多轮次融资是由于风险资本倾向于分阶段投入资金。但不可否认，企业自身也存在多轮次融资动机。Myers 和 Majluf（1984）研究认为，金融市场会出现资源配置效率低下的原因是由于信息不对称所致，即高质量的公司并不能被外部投资者所识别，造成了好公司被低估的现象，导致了管理层投资不足的现象。Myers 和 Majluf（1984）观点成立的前提是管理层只有一次机会筹集资金并进行投资，如果不及时融资，投资机会就会消失。

然而，在许多实际应用中，如果不立即采取行动，投资机会并不会"蒸发"。如果市场条件不利，企业通常可以选择推迟融资和投资。因此，一个很自然的问题是，企业应该如何最优化地安排其融资和投资决策时间，以最小化逆向选择成本。Allen 和 Faulhaber（1989）研究认为，上市公司倾向于采取阶段性融资策略，Welch（1989）也得出了一致的结论。Daley 和 Green（2012）认为，在一个动态的柠檬市场中，随着时间的推移会产生出有关资产质量的信号，卖方会对资产质量的看法同时更新，资产最终会被出售。他们认为，具有高于预期现金流的公司往往向市场传达了高质量的信号，其融资成本也会随之降低。Strebulaev 等（2016）也证实了如果存在严重的信息不对称的情况，高质量的企业会推迟融资。Magnus 等（2020）也指出未来前景良好的公司会通过多轮次融资而获利。

首先，创业企业通过多轮次融资，不仅避免了原始股东股权被过分稀释，也同时降低了融资成本。Comelli 和 Yosha（2003）研究发现，企业通过多轮次融资可以避免创始人股权被过分稀释，从而实现企业家与风险资本共赢。Strebulaev 等（2016）研究表明，当企业资产难以评估时，除非市场投资者对企业充满信心，否则企业往往会选择推迟融资。尤其对于创业企业而言，高信息不对称和不确定性导致了企业首轮融资价格较低，融资成本较高。但随着创业企业不断发展，投资者会对企业有更充分的认知，缓解了投资者和企业之间的信息不对称现象。此外，随着投资者对企业的研发产品和项目进展情况的不断评估，投资者和创始人对企业的估值分歧会逐渐趋于一致。因此，多轮次融资不仅可以保证原始股东的股权不会被过度稀释，也可以降低企业的融资成本。例如表 3.1 所示，按照本书多轮次融资定义，宁德时代、东电创新和启奥科技均在一年内发生过两轮及以上的股权融资事件。例如，锂电池龙头宁德时代在 2016 年发生了 3 次股权融资，其中第 1 轮①是 2016 年年初向招银国际等风险资本进行融资，融资价格为 2.125 元，融资金额为 0.225 亿元，融资股份占总股份的比例为 1.5%。2016 年 12 月 6 日，宁德时代继续向原投资者融资，即融资来源依然是招银国际等风险资本，此时融资价格为 130.437 元，融资金额为 80 亿元，融资股份比例为 10%。此轮融资的募集资金金额约为 2016 年的首轮融资金额的 356 倍，但企业丧失的股权仅为 2016 年第 1 轮融资的 6.7 倍。在此年度发生的 3 轮融资事件中，融资轮次越靠后，企业的融资成本越低。这是因为随着企业的市场地位和企业业绩得到了投资者认可，再加上锂电池行业景气度不断超预期，企业发展的不确定性降低，同时投资者和企业之间的信息不对称程度越来越低，因此企业融资成本随之降低。另外两个创业企业，东电创新和启奥科技的多轮次融资事件中，也出现了融资轮次越靠后，企业融资金额越多，但企业丧失的股权比例却越来越低的现象。由此可见，多轮次融资可以避免原始股东的股份被过度稀释，保护了原始股东的利益。此外，从表 3.1 可以看出，由于企业早期融资的时候融资成本较高，因此案例中的企业首轮融资认购者基本上都为高管和核心员工。尽管企业首轮融资筹集到的金额较少，但融资股份占总股份的比例却是所有轮次中最高的。因此，多轮次融资不仅避免了企业的控制权过度流失，还同时对高管和核心员工起到了激励作用。

表 3.1　　　　　　　　　多轮次融资案例

企业简称	融资时间	融资轮次	融资对象	融资价格	融资金额	融资股份比例	融资后估值
宁德时代	2015.12.15	第1轮	员工通过持股平台认购公司股票	2.125 元	1.5 亿元	15%	10 亿元
宁德时代	2016.1.5	第2轮	招银国际、深创投等 15 家风投	3.14 元	0.225 亿元	1.5%	15 亿元
宁德时代	2016.9.1	第3轮	4 名自然人	41.781 元	29.77 亿元	12.98%	231 亿元

---

① 此处描述第 1 轮融资是按照融资年份 2016 年进行计数的，而表格中的融资轮次是按照企业上市后发生的融资轮次顺序统计的。因此，此处描述为 2016 年第 1 轮融资，而表格中融资轮次显示第 2 轮融资。

续表

企业简称	融资时间	融资轮次	融资对象	融资价格	融资金额	融资股份比例	融资后估值
宁德时代	2016.12.6	第4轮	招银国际等9名风投	130.437元	80亿元	10%	800亿元
宁德时代	2017.8.20	第5轮	风投	43.48元	3.4亿元	0.4%	850亿元
宁德时代	2020.7.20	第6轮	风投和其他机构投资者	161元	197亿元	5.25%	3750亿元
东电创新	2013.12.13	第1轮	高管和核心员工	2元	0.7亿元	38.89%	0.18亿元
东电创新	2014.4.3	第2轮	风投	4元	0.14亿元	28%	0.6亿元
东电创新	2015.1.15	第3轮	风投和自然人	5元	0.45亿元	25.89%	1.74亿元
东电创新	2015.4.24	第4轮	风投和其他机构投资者	20元	1.05亿元	13.1%	80亿元
启奥科技	2012.7.18	第1轮	14名高管	5元	500万元	15.40%	0.30亿元
启奥科技	2013.1.7	第2轮	26名核心员工	15元	1254万元	12.23%	1.03亿元
启奥科技	2013.12.26	第3轮	风投国创资本	27元	1497万元	7.5%	2亿元
启奥科技	2015.4.14	第4轮	董监高核心员工	15元	2625万元	4.64%	5.66亿元
启奥科技	2015.6.24	第5轮	风投和自然人	25元	5625万元	5.625%	10.0亿元
启奥科技	2016.8.12	第6轮	风投	13.5元	6399万元	5.59%	11.4亿元

资料来源：根据Wind数据库、企业股票发行方案报告整理。

其次，多轮次融资可以提高企业获得融资的可能性（Bienz和Hirsch，2012）。相比一次性融资，多轮次融资使风险资本能够更好地跟进企业的发展状况，给予了风险资本放弃后续投资的选择权，降低了风险资本的投资风险，因此企业更容易获得外部融资。此外，多轮次融资具有信号效应（黄福广等，2019）。如果风险资本继续投资企业，则会被其他外部投资者视为积极的信号，便于企业获得后续融资。如果企业在后续融资中能够获得声誉较高风险资本的投资，或企业发展中能够获得政府支持，都会被视为一种积极的信号，有助于为其他投资者树立投资信心，吸引更多的"跟投"投资者。前一轮融资中风险资本的参与，不仅能够促使被投资企业不断披露重要信息，还是帮助高质量创业企业揭示内在价值的过程，为后一轮的融资提供了积极的引导作用。同时，多个风险资本的联合投资能够帮助创业企业更好的发展，降低了其他投资者对企业未来发展前景的担忧，便于企业获得后续融资（徐研和杨大楷，2016）。

二、多轮次融资与创业企业价值

资金支持和人力资本都是创业企业不断发展的重要保障。创业企业在成长过程中，其融资目的和资金需求会随着企业的发展呈现动态变化，因而多轮次融资已成为创业企业成长过程中的一种常见现象。例如，在创业企业成立初期，由于外部投资者和企业家存在信息不对称现象，对外融资较为困难，此时企业往往会先向内部核心员工和高管进行融资。随着企业规模不断扩张，总体实力不断壮大，逐渐吸引了风险资本等外部投资者注资。风险资本等专业机构投资者的介入，不仅可以优化企业资本结构，还能为企业经营管理出谋划策，不断促进创业企业成长。

在多轮次融资中，向企业核心员工和高管进行股权融资，具有激励作用。首先，在创业企业成立初期向核心员工和高管进行融资，一方面可以稳定企业管理层团队，激励高管团队努力工作，促进企业价值增值（Kumar 等，1993；宗文龙等，2013）；另一方面，将高管和核心员工纳入"股东"阵营，可以使管理层与股东利益趋于一致，强化了股东与管理层、核心员工之间的风险承担与利益共享机制，降低了企业代理成本（苏冬蔚和林大庞，2010），有助于提高企业价值。其次，只有当企业未来预期发展得到高管团队和核心员工认可时，他们才会认购企业股票。因此，高管和核心员工的认购为投资者树立了信心，缓解了投资者对企业未来发展前景不确定性的担忧，有利于吸引更多的潜在投资者。最后，通过向管理层发行股份，确保了管理团队对企业控制权的掌握，避免股权被外部投资者过分稀释（Bertoni 等，2015），为企业后续经营与管理奠定了重要的基础。

在多轮次融资中，向风险资本等外部投资者进行股权融资，不仅可以解决企业资金约束问题，还可以优化治理结构，实现企业价值增值。首先，风险资本作为积极的投资者，不仅可以为企业提供资金支持，还可以为企业提供专业技术知识和管理等服务，分担企业创新风险，促进创新成果快速转化，从而实现企业价值增值（谢雅萍和宋超俐，2017）。其次，在创业企业采取多轮次融资的情况下，风险资本往往会要求参与企业公司治理，如参加企业董事会等，从而能够帮助企业完善战略规划，加快新产品上市（Hellman 和 Puri，2002），整合供应链等（Gorman 和 Sahlman，1989）。Hellman 和 Puri（2002）研究发现，有风险投资参与的企业运营更为专业化，招聘流程更规范化，也更倾向于对外招聘市场总监，有利于帮助企业完善治理机制。Bottazzi 等（2009）认为专业化程度越高、行业经验越丰富的风险资本更有可能参与企业日常经营，同时与企业家交流也更加频繁。Hochberg（2012）研究发现，有风险资本支持的企业盈余管理较少，拥有更多的独立董事，其公司治理机制也更完善，有助于实现企业价值提升。最后，前一轮风险资本的投资不仅能够帮助后一轮投资者揭示企业价值（黄福广等，2019），还具有信号作用，吸引后续其他风险资本加入。在创业企业多轮次融资过程中，企业的产品和项目被不断评估，企业未来发展前景逐渐明朗，有利于降低融资成本，并吸引更多的投资者投资，最终实现企业价值提升。基于此，本章提出如下假设：

假设3.1：创业企业多轮次融资有助于提升企业价值。

融资次数也是影响企业价值的因素之一：一方面，企业融资次数越多，企业信息披露程度越高，越能缓解创始人和风险资本的信息不对称程度，有利于降低融资成本，促进企业增加投资。然而，对于需要大量创新投资的创业企业而言，其创新过程往往涉及一些新技术或者新的领域，外部投资者和企业管理者之间的信息不对称现象更为突出。因此，对于具有高无形资产比例和高研发投入的创业企业来说，代理成本会更高，风险资本对企业监督会更加频繁，企业融资次数也越多（Gompers，1995）。但同时，随着融资次数的增加，信息不对称问题得到了缓解，企业融资成本降低，有利于实现企业价值提升。另一方面，企业每轮融资都需要重新谈判，交易成本较高。Witt 和 Brachtendorf（2006）指出，初创企业的多轮次融资主要是为了降低投资者与企业之间的代理风险，但由降低风险所带来的收益会被多轮次融资所产生的交易成本部分抵消。尤其是如果企业融资轮次过多，较高的沟通成本和谈判成本，可能会使企业管理团队感到厌烦，丧失工作热情，造成了企业价值下降。据此，本章提出假设3.2a和假设3.2b。

假设3.2a：在创业企业多轮次融资中，融资次数越多，企业价值越高。

假设3.2b：在创业企业多轮次融资中，融资次数越多，企业价值越低。

在创业企业多轮次融资中，融资时间间隔对企业价值有重要的影响。首先，融资时间间隔是企业融资策略的重要特征：一方面，企业前一轮融资至后一轮融资之间的时间间隔越短，企业提前获得了资金，有利于及时开展研发和技术革新等活动。此外，企业融资时间间隔越短，风险资本监督越频繁（Gompers，1995），风险资本与企业家交流也更为紧密，企业的代理问题易得到缓解，同时又能获取风险资本更多的增值服务，有利于提升企业价值。尤其是当风险资本预期与创业企业发生利益冲突时，风险资本会缩短融资间隔，增加重新评估的频率。另一方面，企业迫于风险资本监督的压力，可能会为了短期业绩而做出不利于企业长期价值提升的短视行为（Hopp和Lukas，2014）。对于受融资约束程度较高的创业企业而言，越可能倾向于使用真实盈余管理的手段，粉饰财务报表，以便获得外部融资和降低融资成本（贾新忠和袁卫秋，2019）。基于此，本章提出假设3.3a和假设3.3b。

假设3.3a：在创业企业多轮次融资中，融资时间间隔越短，企业价值越高。

假设3.3b：在创业企业多轮次融资中，融资时间间隔越短，企业价值越低。

企业的融资规模也与企业价值息息相关。首先，企业的成长离不开资金的支持，尤其是对高科技创业企业来说，募集资金越多，可以投入的研发资金越多，越有利于企业开展创新活动和实现企业价值提升。其次，企业募集资金过多可能造成企业过度投资的现象，不利于企业价值提升。当企业募集资金较为充裕时，企业可能会更改募集资金使用用途，并不会把资金全部用于扩大产能和加大创新投入这些能够提高企业价值的生产经营活动上，而是去购买私募基金等非主营的理财投资等方面，这种情况在缺乏监管限制的背景下更为严重。最后，投资者会把更改募集资金用途视为不利信号，对更改资金用途的企业用脚投票，导致了企业股价下降。基于此，本章提出假设3.4a和假设3.4b。

假设 3.4a：在创业企业多轮次融资中，融资规模越大，企业价值越高。

假设 3.4b：在创业企业多轮次融资中，融资规模越大，企业价值越低。

第二节 研究设计

一、研究样本与数据来源

本书选取 2014—2019 年在新三板挂牌的企业作为研究样本，研究期间覆盖 2014—2020 年。基于以下三个原因以新三板企业为样本：第一，新三板挂牌企业大部分为创业企业（孟为和陆海天，2018），其成立目的是为中小企业提供股权交易和融资的渠道，符合本书研究主题；第二，新三板企业在挂牌以后经常发生时间间隔较短（小于两年）的阶段性融资事件，为本书提供了很好的研究事件资料；第三，新三板企业在 Wind 数据库披露的数据相比主板和中小板上市企业资料库更为齐全。本书对样本进行了如下筛选：（1）剔除金融行业的样本（包括银行、证券、保险及其他金融类企业），因为金融类企业财务准则与其他行业企业不同，数据波动性较大；（2）剔除 ST 类样本；（3）剔除挂牌以后未发生过融资的样本，因为本书旨在对比当企业决定融资时是采取多轮次融资策略还是一次性融资策略；（4）剔除基本财务数据和企业价值相关数据缺失样本，最终得到 6215 个企业年度样本点。本章中企业股权融资数据来源于 Wind 数据库新三板专题统计数据库，缺失的融资数据手工采集于企业股票发行方案等公司公告，财务数据来源于 Wind 数据库和国泰安（CSMAR）数据库，为了克服极端值影响，本书对连续变量前后各 1% 进行了 Winsorize 缩尾处理。

二、主要变量

（一）因变量

本章因变量是企业价值。参考已有的文献（Lang 等，1994；Zhu 等，2016；高磊等，2020），企业价值（TQ）使用 Tobin's Q 来衡量，即股权和债权市场价值总和占股权和债权账面价值总和之比。为了避免变量测量带来的缺陷，参照郭照蕊和黄俊（2020），使用年末股票收盘价（PR）作为企业价值的替代变量。

（二）自变量

企业是否发生多轮次融资（MR）：参照黄福广等（2019）文献，若企业当年发生过两轮及以上的股权融资事件即可认为企业当年发生过多轮次融资，鉴于企业多轮次融资对企业价值具有持续性影响，因此将多轮次融资虚拟变量定义为从企业发生多轮次融资的年份起，该变量取值为1，否则为0。例如，若企业2017年发生过多轮次融资，则企业2017年至2020年均取值为1。为了避免变量测量带来的缺陷，本书也使用了替换变量，即当年是否发生多轮次融资（CMR）作为稳健性检验，若企业当年发生过两轮及以上的股权融资事件，则当年取值为1，否则为0。例如，若企业只有2017年发生过多轮次融资，则2017年取值为1，2018年至2020年取值为0。多轮次融资次数（Rounds）：企业多轮次融资年度发生的融资次数。多轮次融资规模（Fund）：企业多轮次融资募集资金总额取自然对数。多轮次融资平均时间间隔（Duration）：企业挂牌时间长度（按照月衡量）除以企业挂牌以后发生的多轮次融资总次数。

（三）控制变量

1. 公司财务状况变量

公司财务状况变量包括资产负债率（Lev）、总资产报酬率（ROA）、企业销售增长率（Growth）和现金流量比率（Cash）。资产负债率（Lev）使用企业当年年末负债总额除以企业当年年末资产总计来衡量（郭玥，2018）。企业总资产报酬率（ROA）采用企业当年净利润除以企业当年年末总资产来测量（沈毅等，2019）。企业销售增长率（Growth）使用企业本年度营业收入和上年度营业收入之差除以上年度营业收入来衡量（黄福广和王建业，2019）。企业资产现金流量比率（Cash）使用经营活动现金流量净额除以营业收入来衡量（黄福广等，2019）。

2. 公司治理变量

公司治理变量包括第一大股东持股比例（Largeshare）、董事会规模

（Board）和两职合一（Dual）。

3. 其他影响企业价值的变量

其他影响企业价值的变量包括企业规模（Lnsize）、企业年龄（Lnage）和企业产权性质（SOE）。企业规模（Lnsize），使用企业年末资产的自然对数测量。企业年龄（Lnage）使用样本年份与企业成立年份的差值取自然对数（高磊等，2020）。企业产权性质（SOE），如果企业的实际控制人是国企取值1，否则取值0（温军和冯根福，2018）。

另外，根据证监会行业分类设置行业虚拟变量，按照文化、体育和娱乐业，制造业，信息传输、软件和信息技术服务业，建筑业，交通运输、仓储和邮政业，批发和零售业，科学研究和技术服务业，水利、环境和公共设施管理业，租赁和商务服务业，农、林、牧、渔业，电力、热力、燃气及水生产和供应业，卫生和社会工作，房地产业，采矿业，居民服务、修理和其他服务业，住宿和餐饮业，教育17个行业划分为17个行业虚拟变量（排除金融行业），控制行业效应；同时设置年度虚拟变量，控制年度效应。本章具体变量定义和测量方法如表3.2所示。

表3.2 变量定义表

变量符号	变量说明及测量方法
TQ	表示企业价值，计算公式为：（股权市场价值+债权市场价值）/股权账面价值+债权账面价值
PR	企业年末收盘价
MR	企业发生过多轮次融资的年份起，取值为1，否则为0
CMR	表示企业当期是否发生过多轮次融资，如果企业本年度发生过2轮及以上的股权融资，则取值为1，否则为0
Rounds	表示企业融资次数，企业多轮次融资年度发生的融资次数
Fund	表示企业融资规模，为企业募集资金总额取自然对数
Duration	表示企业融资时间间隔，企业挂牌时间长度（按照月衡量）除以企业挂牌以后发生的多轮次融资总次数
Lev	表示企业负债率，为总负债与总资产比
ROA	表示企业总资产报酬率，计算公式为：净利润/总资产
Growth	表示企业销售增长率，计算公式为：（本年营业收入－上年营业收入）/上年营业收入
Cash	表示企业现金流量比例，计算公式为经营活动现金流量净额/营业收入

续表

变量符号	变量说明及测量方法
Largeshare	表示第一大股东持股比例,计算公式为:第一大股东持股数/总股本
Board	表示董事会规模,用董事会总人数表示
Dual	董事长兼任总经理取值为1,否则为0
Lnsize	表示企业规模,为企业资产总额的对数
Lnage	表示企业年龄,为企业样本年份与成立年份的差值取自然对数
SOE	表示企业产权性质,国有企业为1,否则为0
Year	年份虚拟变量
Industry	行业虚拟变量,依据《证监会上市公司行业分类》设置

三、实证模型

根据理论分析和研究假设,为了检验多轮次融资对企业价值的影响,构建如下多元 OLS 回归模型:

$$Q_{i,t} = \alpha_0 + \alpha_1 X_{i,t} + \gamma Controls + \varepsilon_{i,t} \tag{3.1}$$

其中,$Q_{i,t}$ 代表企业价值,分别使用 TQ 和 PR 表示;$X_{i,t}$ 分别代表多轮次融资虚拟变量、多轮次融资次数、多轮次融资时间间隔、多轮次融资规模,分别用 MR、Rounds、Duration 和 Fund 表示;Controls 代表控制变量,包括企业规模、企业负债率、企业总资产报酬率、现金流量比率、企业年龄、企业产权性质、是否两职合一、第一大股东持股比例、董事会规模、企业销售增长率以及年度和行业控制变量;$\varepsilon_{i,t}$ 为随机误差项。

第三节 描述性统计分析

一、研究样本与数据来源

(一)样本企业年度与行业分布

自 2014 年以来,随着新三板挂牌公司数量越来越多,挂牌企业在市场价值、经营规模、融资与交易需求、治理结构方面有很大差异。为了满足不同企业融资上的差异化需求，将企业按照盈利能力、市场反应和公司成长性等方面进行划分，满足盈利能力高、市场反应好、成长性等条件的企业进入创新层。创新层企业需具有更透明的信息披露和更规范的公司治理，其他企业则进入基础层。此分类有利于降低投资者的信息收集成本，为投资者决策提供便利，合理配置市场监管资源。因此，表 3.3 第（1）列至第（3）列为创新层样本挂牌年度分布，第（4）列至第（6）列为基础层样本挂牌年度分布，第（8）列至第（9）列为全样本挂牌年度分布。由于本书选取 2014—2019 年在新三板挂牌的创业企业作为研究样本，因此样本年度分布截止到 2019 年度。由表 3.3 可知，2014 年创新层多轮次融资创业企业为 36 个，样本中创新层挂牌企业总数为 53 个，创新层多轮次融资企业占比为 67.92%。2014 年基础层多轮次融资企业数量较多，多轮次融资企业数量为 45 个，但基础层多轮次融资企业占基础层企业总数仅为 35.43%，远远小于创新层融资企业比例。同时，创新层发生多轮次融资企业占比（除 2019 年以外）均大于同年度基础层多轮次融资企业占比，说明创新层企业更倾向于多轮次融资。总体来看，于 2014 年和 2015 年挂牌的企业发生多轮次融资比例较多，2017—2019 年挂牌的企业发生多轮次融资比例较少，可能的原因是 2017—2019 年新增挂牌企业数量较少，且统计时间窗口较短。

表 3.3　　　　　　　多轮次融资企业挂牌年度分布

年份	创新层	创新层总数	占比	基础层	基础层总数	占比	全样本	企业总数	多轮次融资企业占比
2014	36	53	67.92%	45	127	35.43%	81	180	45.00%
2015	40	113	35.40%	62	323	19.20%	102	436	23.39%
2016	6	47	12.77%	39	359	10.86%	45	406	11.08%
2017	1	5	20.00%	4	83	4.82%	5	88	5.68%
2018	1	4	25.00%	1	17	5.88%	2	21	9.52%
2019	0	1	0.00%	1	4	25.00%	1	5	20.00%
总计	84	223	37.67%	152	913	16.65%	236	1136	20.77%

研究样本行业分布如表 3.4 所示。从绝对数量来看，制造业行业的企业发生多轮次融资次数较多，高达 119 个；其次为信息传输、软件和信息技术

服务业，数量为55个；排名第三的为租赁和商务服务业，为15个。从研究样本占比来看，居民服务、修理和其他服务业占比最高，为33.33%，可能原因是样本量较小，不具有代表性。制造业和信息传输、软件和信息技术服务业占比也较高，均为20%以上。总体来看，多轮次融资企业数量为236个，占总样本的20.77%。根据2016年科技部《高新技术企业认定管理办法》与2012年《证监会的行业分类指引》，并与我国高科技企业年鉴进行核对，将医药制造业（C27）、航空航天制造业（C37）、计算机—通信和其他电子设备制造业（C39）、仪器仪表制造业（C40）、信息传输—软件和信息技术服务业（I）及科学研究和技术服务业（M）界定为高科技行业。因此，从绝对值数量和相对比值（排除样本量较小行业）来看，高科技企业更偏好多轮次融资，可能的原因是高科技行业企业不确定性和信息不对称等问题较为严重，因此更倾向于多轮次融资。

表3.4　　　　　　　　多轮次融资企业行业分布

年份	多轮次融资企业数（个）	一次性融资企业数（个）	企业总数（个）	占比（%）
交通运输、仓储和邮政业	3	15	18	16.67
住宿和餐饮业	1	6	7	14.29
信息传输、软件和信息技术服务业	55	195	250	22.00
农、林、牧、渔业	7	34	41	17.07
制造业	119	385	504	23.61
卫生和社会工作	2	7	9	22.22
居民服务、修理和其他服务业	1	2	3	33.33
建筑业	2	15	17	11.76
房地产业	0	2	2	0
批发和零售业	4	54	58	6.90
教育	1	13	14	7.14
文化、体育和娱乐业	9	33	42	21.43
水利、环境和公共设施管理业	1	15	16	6.25
电力、热力、燃气及水生产和供应业	6	14	20	30.00
科学研究和技术服务业	10	45	55	18.18
租赁和商务服务业	15	65	80	18.75

续表

年份	多轮次融资企业数（个）	一次性融资企业数（个）	企业总数（个）	占比（%）
采矿业	0	0	0	—
总计	236	625	1136	20.77

（二）主要变量的描述性统计

表 3.5 为主要变量的描述性统计。为消除异常值影响，对所有的主要连续变量按照上下 1% 进行双边缩尾处理。由表 3.5 可知，自变量多轮次融资的样本占比约为 19.5%。因变量企业价值 TQ 的均值为 1.479，企业价值的最小值为 0.034，而企业价值最大值为 13.301，标准差为 2.335，说明不同企业价值波动较大。因变量企业价值 PR 的最小值为 0.100，最大值为 35.500，均值为 5.169。企业多轮次融资次数的最小值为 2，最大值为 5。企业融资时间间隔的最小值为 0.667，最大值为 7，标准差为 1.064，表明不同企业融资时间间隔差异较大。企业融资规模的均值为 17.04，最小值为 12.90，最大值为 21.89。数据结构与曹文婷（2020）有些许差异，原因可能是本研究选择的样本年度和范围不同，曹文婷（2020）选取的新三板企业研究期间为 2010—2017 年，研究范围仅为制造业和信息服务业。

从企业财务特征来看，企业负债率均值为 39.1%，最大值为 89%，最小值为 3.1%，标准差为 21.1%，说明新三板不同企业之间负债差异较大。从企业盈利能力看，企业总资产报酬率均值为 3.6%，最大值为 42%，最小值为 -52%，标准差为 17%，可以看出不同企业的盈利能力差别较大。从企业成长性来看，企业的销售增长率最大值为 302.80%，最小值为 -79.40%，差距较大的原因可能与企业的行业、企业所处发展阶段和地区不同有关。企业现金流量比率均值为 -4%，最大值为 74.2%，最小值为 -191.4%，表明绝大多数新三板企业现金流并不充裕，因此新三板创业企业更需要外源融资来支持企业发展。

从公司治理特征来看，第一大股东持股比例均值为 46.9%，最大值为 93%，第一大股东持股比例相对较高。董事会人数均值为 5.518，最大值为 9 人，最小值为 5 人。两职合一比例均值为 56.2%，表明有 56.2% 的样本总经理和董事长为同一人。

其他控制变量中，企业规模均值为 18.46，最大值为 21.21，最小值为 15.936，标准差为 1.127，表明新三板不同企业规模差异较大。企业产权性质均值为 2.4%，表明样本中国有企业比例仅占 2.4%，国有企业占比较少。

表 3.5　　　　　　　　　　　主要变量描述性统计

变量	N	Mean	Sd	Min	Median	Max
TQ	6215	1.479	2.335	0.034	0.561	13.301
PR	6215	5.169	6.836	0.100	2.800	35.500
MR	6215	0.195	0.396	0.000	0.000	1.000
Rounds	6215	1.791	1.064	2	2	5
Duration	6215	4.017	1.667	0.667	4	7
Fund	6215	17.04	1.228	12.90	16.94	21.89
Lnsize	6215	18.464	1.127	15.936	18.493	21.210
Lev	6215	0.391	0.211	0.031	0.382	0.890
ROA	6215	0.036	0.170	−0.520	0.051	0.420
Growth	6215	0.259	0.664	−0.794	0.140	3.028
Cash	6215	−0.040	0.392	−1.914	0.018	0.742
Lnage	6215	2.103	0.254	1.609	2.079	2.565
Dual	6215	0.562	0.496	0.000	1.000	1.000
Largeshare	6215	0.469	0.176	0.153	0.452	0.930
Board	6215	5.518	0.993	5.000	5.000	9.000
SOE	6215	0.024	0.153	0.000	0.000	1.000

二、均值 T 检验

图 3.1 是按照企业是否采取多轮次融资进行分类的企业价值（TQ）小提琴图①（不包含极端值），小提琴图中黑色箱体展示了企业价值的四分位数范

---

① 限于篇幅，仅列示企业价值使用 TQ 测量时的小提琴图，企业价值使用 PR 测量时，样本分布结果基本一致，不再列示。此外，样本中极端值比例约为 4.6%，为了更直观清晰地看出多轮次融资和单轮次股权融资企业价值之间的差别，图 3.1 中未包括极端值，但在后面的单变量分析和回归模型检验中都使用全样本进行研究。

围，中间白点代表企业价值的中位数，从企业箱体延伸出去的黑色细线代表95%置信区间，蓝色外部形状是核密度的估计值，其宽度代表观测值取值的概率。本书发现对于单轮次融资企业，其企业价值的观测值多数落在25分位区间，而多轮次融资企业，其企业价值在每个区间的分布相较于单次融资企业比较均匀。总体来看，多轮次融资企业的价值明显高于单轮次融资企业价值。进一步比较多轮次融资和单轮次融资企业的四分位企业价值，发现无论是在25分位，75分位还是中位数上，多轮次融资企业价值均比单轮次融资企业价值高。

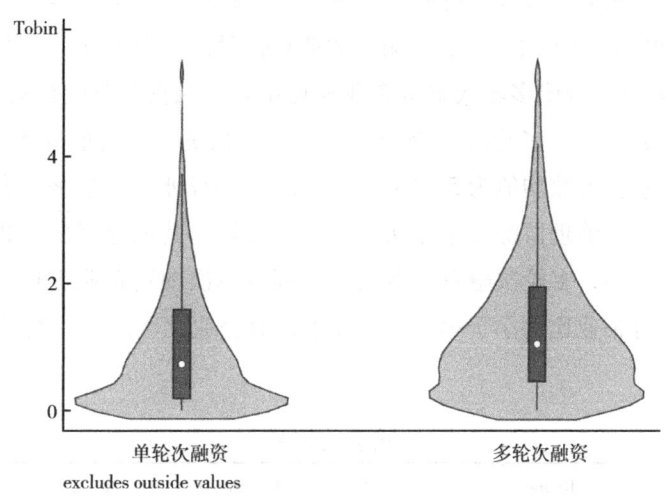

图3.1 多轮次融资与企业价值小提琴图

表3.6为全样本均值T检验结果。第（1）列和第（2）列为多轮次融资样本企业的数量和变量均值，第（3）列和第（4）列为单轮次融资样本企业的数量和变量均值。从因变量企业价值（TQ）数据看，多轮次融资企业价值均值为2.037，单轮次融资企业价值均值为1.345，两者差异在1%水平上显著。从企业价值（PR）数据看，多轮次融资企业价值均值为7.248，单轮次融资企业价值均值为4.667，两者差异在1%水平上显著。说明有多轮次融资的企业价值更高，初步证实了本书的假设。

从公司财务特征观察两组差异，发现多轮次融资样本规模更大，均值为18.983，而单次融资企业规模均值为18.338，二者差异在1%水平上显著。多轮次融资样本资产负债率更低，为36.20%，而单次融资样本负债率为

39.80%。从企业盈利能力总资产报酬率指标来看，多轮次融资样本 ROA 均值为 0.022，而单次融资样本 ROA 均值为 0.039，两者差异在 1% 水平上显著，表明单次融资企业盈利能力更稳定。从企业成长性来看，多轮次融资样本销售增长率均值为 0.260，单轮次融资样本销售增长率均值为 0.259，二者差异不显著。从企业现金流状况来看，多轮次融资样本现金流量比例均值为 -0.071，而单次融资样本均值为 -0.032，说明多轮次融资企业融资约束问题较为严重。

从公司治理角度来看，单轮次融资企业相比多轮次融资企业两职合一情况更为严重。从第一大股东持股比例来看，多轮次融资企业第一大股东持股比例为 39.9%，而单次融资企业第一大股东持股比例为 48.6%，两者差异在 1% 水平上显著，说明多轮次融资企业相比单轮次融资企业股权集中度更低。从董事会人数上看，多轮次融资企业董事会人数更多，均值为 5.726，单次融资企业董事会人数均值为 5.468，二者差异在 1% 水平上显著，表明多轮次融资企业的公司治理情况较单轮次融资企业更好。其他控制变量如企业年龄和产权性质方面，多轮次融资企业成立时间较单次融资企业更长，且多轮次融资样本国有企业比例小于单次融资样本国有企业比例，二者差异在 10% 水平上显著。

表 3.6 均值 T 检验

变量	Round = 1	Mean1	Round = 0	Mean2	MeanDiff
	(1)	(2)	(3)	(4)	(5)
TQ	1210	2.037	5005	1.345	0.692***
PR	1210	7.248	5005	4.667	2.581***
Lnsize	1210	18.983	5005	18.338	0.645***
Lev	1210	0.362	5005	0.398	-0.034***
ROA	1210	0.022	5005	0.039	-0.018***
Growth	1210	0.260	5005	0.259	0.001
Cash	1210	-0.071	5005	-0.032	-0.040***
Lnage	1210	2.177	5005	2.085	0.092***
Dual	1210	0.484	5005	0.581	-0.097***
Largeshare	1210	0.399	5005	0.486	-0.087***

续表

变量	Round = 1 (1)	Mean1 (2)	Round = 0 (3)	Mean2 (4)	MeanDiff (5)
Board	1210	5.726	5005	5.468	0.257***
SOE	1210	0.017	5005	0.026	-0.008*

注：*、**、*** 分别表示 $p<0.1$、$p<0.05$、$p<0.01$。

三、变量相关性分析

表3.7报告了主要变量的 Pearson 相关系数及其显著性。由表3.7可知，各变量之间的相关系数基本均小于0.4，同时各变量之间的方差膨胀因子（VIF）均小于2，说明变量之间不存在严重的多重共线性问题。

表3.7显示，因变量企业价值与自变量企业多轮次融资正相关，相关系数分别为0.117和0.150，且在1%水平上显著，假设3.1得到了初步证实。企业价值与企业规模正相关，系数分别为0.032和0.171，且在1%水平上显著，表明企业规模越大，企业价值越高。企业负债率和企业价值显著负相关，系数分别为-0.050和-0.100，表明企业负债率越低，企业价值越高。企业总资产收益率（ROA）与企业价值负相关，且在1%水平上显著。企业销售增长率和企业价值显著正相关，企业现金流量与企业价值显著负相关，表明并不是企业现金流越充裕，企业价值越高。企业价值使用TQ测量时，企业年龄与企业价值正相关但并不显著，而使用PR测量企业价值时，二者之间显著正相关。企业董事规模与企业价值之间显著正相关，表明董事会规模越大，企业价值越高。

关于多轮次融资与其他控制变量之间的相关性，本书发现使用多轮次融资策略的企业，企业规模也会越大（系数为0.227，且在1%水平上显著）、负债率越低（系数为-0.068，且在1%的水平上显著）、总资产报酬越低（系数为-0.041，且在1%水平上显著）、企业销售增长率越高（系数为0.001，但并不显著）、现金流量比例越低（系数为-0.040，且在1%水平上显著）、年龄越大（系数为0.144，且在1%水平上显著）、董事会人数越多（系数为0.103，且在1%水平上显著）。

以上相关性检验结果和单变量分析说明了变量之间的相关关系，也初步证实了本章假设。为了进一步验证多轮次融资与企业价值之间的关系，得出更稳健和准确的结果，下面以企业是否采用多轮次融资作为自变量，企业价值作为因变量，同时加入相关控制变量来建立 OLS 模型进行回归。

表 3.7 主要变量相关系数表

变量	TQ	PR	MR	Lnsize	Lev	ROA	Growth	Cash	Lnage	Board
TQ	1									
PR	0.366***	1								
MR	0.117***	0.150***	1							
Lnsize	0.032**	0.171***	0.227***	1						
Lev	-0.050***	-0.100***	-0.068***	0.223***	1					
ROA	-0.096***	-0.064***	-0.041***	0.242***	-0.125***	1				
Growth	0.029**	0.043***	0.001	-0.009	0.001	0.276***	1			
Cash	-0.118***	-0.024*	-0.040***	0.189***	0.092***	0.404***	0.042***	1		
Lnage	0.008	0.030**	0.144***	0.181***	0.060***	-0.136***	-0.201***	0.084***	1	
Board	0.033***	0.131***	0.103***	0.268***	-0.045***	0.003	-0.020	0.001	0.104***	1

注：*、**、*** 分别表示 $p<0.1$、$p<0.05$、$p<0.01$。

第四节 实证分析及回归结果

一、回归结果分析

表 3.8 和表 3.9 是对模型 3.1 进行回归的结果。其中，表 3.8 是仅检验多轮次融资对企业价值影响的总回归。表 3.9 是按照融资特征进行划分，检验了多轮次融资次数、时间间隔和融资规模分别对企业价值的影响。具体来说，表 3.8 第（1）列和第（2）列为单变量回归检验，即仅检验多轮次融资对企业价值的影响（不包含其他控制变量）；第（3）列和第（4）列添加了除年度和行业之外的所有控制变量；第（5）列和第（6）列加入了年度和行业控制变量，对回归方程进行了检验。表 3.9 第（1）列至第（2）列为融资次数对企业价值的回归结果；第（3）列至第（4）列为融资时间间隔对企业

价值的回归结果;第(5)列至第(6)列为融资规模对企业价值的回归结果。

由表3.8第(1)列和第(2)列可知,在不考虑其他控制变量的情况下,多轮次融资与企业价值均在1%水平上显著正相关。第(3)列和第(4)列加入了其他控制变量之后,多轮次融资依然与企业价值显著正相关,系数分别为0.475和1.544,且均在1%水平上显著。第(5)列和第(6)列分别加入了年度和行业控制变量以后,多轮次融资与企业价值之间的相关系数分别为0.429和1.499,且均在1%水平上显著,表明多轮次融资显著提升了企业价值,假设3.1得到了验证。

控制变量方面,第(5)列使用TQ测量企业价值时,企业规模与企业价值显著正相关,企业总资产报酬率与企业价值显著负相关。企业销售增长率与企业价值显著正相关,表明企业成长性越好,企业价值越高。企业现金流量比例和第一大股东持股比例与企业价值之间显著负相关,企业年龄与企业价值之间的关系并不显著。第(6)列使用PR测量企业价值时,企业规模与企业价值显著正相关,代表企业规模越大,企业价值越高。企业负债率与企业价值之间显著负相关,代表企业负债率越低,企业价值越高。企业总资产报酬率与企业价值之间显著正相关,第一大股东持股比例与企业价值显著负相关,董事会规模与企业价值显著正相关,表明企业公司治理水平越高企业价值成长更快。此外,企业产权性质与企业价值负相关,且在1%水平上显著,表明国有产权性质不利于企业价值提升。

表3.8　　　　多轮次融资对创业企业价值影响的回归结果

变量	TQ(1)	PR(2)	TQ(3)	PR(4)	TQ(5)	PR(6)
MR	0.692*** (9.035)	2.581*** (11.079)	0.475*** (5.638)	1.544*** (6.281)	0.429*** (4.987)	1.499*** (6.085)
Lnsize			0.143*** (4.136)	1.056*** (11.357)	0.191*** (5.391)	1.194*** (12.309)
Lev			-0.627*** (-3.411)	-3.581*** (-7.723)	-0.306 (-1.623)	-2.290*** (-4.911)
ROA			-1.312*** (-4.845)	1.052 (1.554)	-1.232*** (-4.442)	1.782*** (2.612)

续表

变量	TQ(1)	PR(2)	TQ(3)	PR(4)	TQ(5)	PR(6)
Growth			0.198*** (3.087)	0.403*** (2.603)	0.160** (2.500)	0.269* (1.750)
Cash			-0.480*** (-3.969)	-0.906*** (-3.341)	-0.450*** (-3.669)	-0.756*** (-2.779)
Lnage			-0.119 (-0.998)	-0.156 (-0.467)	0.027 (0.173)	-0.119 (-0.261)
Dual			-0.095 (-1.610)	0.628*** (3.676)	-0.126** (-2.130)	0.507*** (2.995)
Largeshare			-0.648*** (-3.850)	-1.585*** (-3.248)	-0.536*** (-3.165)	-1.125** (-2.300)
Board			-0.002 (-0.057)	0.474*** (4.571)	-0.022 (-0.674)	0.425*** (4.100)
SOE			-0.613*** (-8.359)	-2.823*** (-7.019)	-0.666*** (-8.099)	-3.251*** (-8.065)
_cons	1.345*** (41.433)	4.667*** (50.119)	-0.400 (-0.672)	-15.239*** (-9.460)	-2.311*** (-3.485)	-22.220*** (-11.826)
Industry	NO	NO	NO	NO	Yes	Yes
Year	NO	NO	NO	NO	Yes	Yes
N	6215	6215	6215	6215	6215	6215
F	81.623	122.737	23.983	38.014	24.351	21.027
R^2	0.084	0.082	0.142	0.116	0.107	0.113

注：*、**、*** 分别表示 $p<0.1$、$p<0.05$、$p<0.01$，括号中为 t 值。以下各表同。

表3.9为使用具体的多轮次融资次数、规模和时间间隔作为自变量重新对回归模型进行检验的实证结果。结果表明，企业多轮次融资次数越多，企业价值越高。多轮次融资次数与企业价值之间的回归系数分别为0.204和0.520，且在1%水平上显著，表明企业融资次数每增加一个单位，企业价值会提升0.204个和0.520个单位，假设3.2a得到了验证。第（3）列和第（4）列融资间隔的回归系数为-0.142和-0.317，且在1%水平上显著，表明企业融资时间间隔越短，企业价值提升越快，假设3.3a得到了验证。第

（5）列和第（6）列表明企业融资规模与企业价值在1%水平上显著正相关，系数分别为0.247和0.473，表明企业募集资金每增1个单位，企业价值分别增加0.247和0.473个单位，假设3.4a得到了验证。

表3.9　多轮次融资（次数、规模、间隔）对创业企业价值影响的回归结果

变量	TQ(1)	PR(2)	TQ(3)	PR(4)	TQ(5)	PR(6)
Rounds	0.204*** (6.495)	0.520*** (5.517)				
Duration			-0.142*** (-7.339)	-0.317*** (-6.027)		
Fund					0.247*** (6.995)	0.473*** (4.671)
Lnsize	0.172*** (4.826)	1.183*** (12.041)	0.179*** (5.088)	1.217*** (12.495)	0.032 (0.711)	0.951*** (7.964)
Lev	-0.287 (-1.537)	-2.325*** (-4.991)	-0.309* (-1.669)	-2.411*** (-5.194)	-0.062 (-0.315)	-1.963*** (-4.059)
ROA	-1.204*** (-4.412)	1.752*** (2.590)	-1.270*** (-4.692)	1.563** (2.310)	-0.891*** (-3.199)	2.267*** (3.222)
Growth	0.139** (2.165)	0.223 (1.445)	0.134** (2.096)	0.222 (1.445)	0.123* (1.890)	0.211 (1.356)
Cash	-0.440*** (-3.618)	-0.746*** (-2.740)	-0.427*** (-3.515)	-0.724*** (-2.663)	-0.429*** (-3.496)	-0.740*** (-2.719)
Lnage	0.014 (0.093)	-0.025 (-0.055)	0.202 (1.321)	0.442 (0.977)	0.110 (0.721)	0.253 (0.561)
Dual	-0.132** (-2.223)	0.474*** (2.795)	-0.114* (-1.910)	0.510*** (2.994)	-0.139** (-2.337)	0.453*** (2.670)
Largeshare	-0.499*** (-2.928)	-1.159** (-2.362)	-0.508*** (-3.042)	-1.235** (-2.541)	-0.555*** (-3.324)	-1.374*** (-2.840)
Board	-0.024 (-0.740)	0.418*** (4.045)	-0.025 (-0.773)	0.416*** (4.028)	-0.034 (-1.061)	0.399*** (3.845)
SOE	-0.654*** (-7.682)	-3.263*** (-8.101)	-0.676*** (-7.995)	-3.330*** (-8.273)	-0.641*** (-7.633)	-3.273*** (-8.217)

续表

变量	TQ(1)	PR(2)	TQ(3)	PR(4)	TQ(5)	PR(6)
_cons	-2.410*** (-3.762)	-23.224*** (-12.631)	-1.772*** (-2.660)	-22.034*** (-11.704)	-3.895*** (-6.179)	-26.518*** (-13.969)
Industry	Yes	Yes	Yes	Yes	Yes	Yes
Year	Yes	Yes	Yes	Yes	Yes	Yes
N	6215	6215	6215	6215	6215	6215
F	23.155	20.778	23.077	21.398	22.910	19.816
R^2	0.069	0.112	0.171	0.112	0.102	0.113

二、进一步分析

(一) 多轮次融资对企业成长性的影响

很多研究者也关注了企业获得融资后对企业成长的影响。例如，Bottazzi 等（2009）研究发现，有风险资本支持的企业成长速度更快，但也有学者发现风险资本与企业成长之间没有关联（Tan 等，2013）。因此，本书进一步检验了多轮次融资对创业企业成长的影响。参照周莉和盛梦婷（2012），使用净利润增长率（Prog）、销售收入增长率（Saleg）、总资产周转率（AT）作为企业成长性的代理变量，结果如表3.10所示。结果表明，多轮次融资对企业的净利润增长率的作用不显著，而对企业的销售增长率和总资产周转率有显著的正向影响。因此，多轮次融资对企业的成长也存在一定的影响。

表3.10　多轮次融资对创业企业成长性影响的回归结果

变量	Prog(1)	Prog(2)	Saleg(3)	Saleg(4)	AT(5)	AT(1)
MR	-1.328 (-0.617)	-1.181 (-0.570)	0.090*** (4.356)	0.072*** (3.441)	0.091* (1.765)	0.106** (2.180)
Lnsize	0.033 (0.098)	0.670** (2.050)	-0.041*** (-5.060)	-0.033*** (-3.892)	0.097*** (5.165)	0.134*** (6.737)

续表

变量	Prog (1)	Prog (2)	Saleg (3)	Saleg (4)	AT (5)	AT (1)
Lev	-6.349** (-2.186)	-6.957*** (-2.580)	0.237*** (5.326)	0.287*** (6.255)	-0.973*** (-6.844)	-0.753*** (-5.773)
ROA	5.045** (2.073)	1.497 (0.586)	1.206*** (17.422)	1.165*** (16.375)	-0.105 (-0.545)	0.078 (0.407)
Cash	-0.302 (-0.145)	0.875 (0.426)	-0.102*** (-3.224)	-0.087*** (-2.704)	-0.267* (-1.796)	-0.272* (-1.786)
Lnage	4.611** (2.190)	9.473*** (3.040)	-0.402*** (-11.163)	-0.218*** (-4.685)	-0.435*** (-4.407)	-0.675*** (-5.847)
SOE	-2.499** (-2.101)	3.234 (0.941)	-0.082** (-2.015)	-0.093** (-2.212)	-0.302*** (-6.353)	-0.410*** (-7.743)
_cons	-6.517 (-1.256)	-26.084*** (-3.443)	1.716*** (11.624)	1.109*** (6.160)	0.144 (0.500)	-0.462* (-1.648)
Industry	No	Yes	No	Yes	No	Yes
Year	No	Yes	No	Yes	No	Yes
N	6215	6215	6215	6215	6215	6215
F	5.540	7.000	85.262	24.509	16.244	14.831
R^2	0.004	0.044	0.115	0.128	0.029	0.071

（二）分组检验

1. 不同地区的分组检验

由于我国地广物博，不同地区资源基础、经济发展水平不同，那么在不同空间上，企业实行多轮次融资策略对企业价值的影响是否不同？为了获得更具体的研究结论，本书基于空间异质性视角，参照魏敏和李书昊（2018）对区域的划分，分别对全国、东部、中部以及西部地区①企业多轮次融资与企业价值之间的关系进行了回归分析。

---

① 东部地区包括北京、天津、河北、辽宁、上海、江苏、浙江、福建、山东、广东和海南11个省（直辖市）；中部地区包括山西、吉林、黑龙江、安徽、江西、河南、湖北和湖南8个省份，西部地区包括内蒙古、广西、重庆、四川、贵州、云南、陕西、甘肃、青海、宁夏、西藏和新疆12个省（直辖市、自治区）。

表 3.11 回归结果表明，东部地区多轮次融资与企业价值之间的回归系数为 0.511 和 1.409，且均在 1% 水平上显著。中部地区多轮次融资对企业价值影响的回归系数为 0.408 和 1.274，且在 1% 水平上显著。西部地区多轮次融资与企业价值之间的回归系数分别为 0.193 和 1.906，但并不显著。Chow 检验的回归结果也表明，东部、中部和西部地区的回归系数具有显著差异。在东部和中部地区，多轮次融资对企业价值均产生显著影响，但影响的程度和边际效果不同。东部地区多轮次融资对企业价值提升的激励效果较强，边际效果最显著，可能的原因是东部地区资源较为丰富，外源融资的主要融资对象风险资本也多数处于东部发达地区，因此与企业的交流和监督更为频繁，有利于企业价值提升。而西部地区经济较为落后，因此企业采取多轮次融资的效果并不明显。

表 3.11　多轮次融资对创业企业价值影响的回归结果：基于不同地区的分组检验

变量	TQ	PR	TQ	PR	TQ	PR
	东部		中部		西部	
MR	0.511 *** (4.506)	1.409 *** (4.532)	0.408 *** (2.614)	1.274 *** (4.434)	0.193 (1.015)	1.906 (0.937)
Lnsize	0.212 *** (4.975)	1.287 *** (11.035)	0.159 * (1.782)	0.705 *** (3.272)	0.266 *** (3.139)	1.488 *** (4.500)
Lev	0.208 (0.930)	-1.902 *** (-3.407)	-1.335 *** (-3.211)	-3.005 *** (-2.701)	-2.875 *** (-3.961)	-3.528 ** (-2.294)
ROA	-1.255 *** (-3.858)	2.236 *** (2.815)	-1.642 ** (-2.371)	-0.678 (-0.381)	-0.561 (-0.776)	2.047 (0.919)
Growth	0.142 * (1.865)	0.170 (0.922)	0.225 * (1.733)	0.567 (1.592)	0.064 (0.292)	0.284 (0.733)
Cash	-0.391 *** (-2.807)	-0.869 *** (-2.703)	-0.890 *** (-2.668)	0.562 (0.817)	0.065 (0.241)	-1.595 ** (-2.015)
Lnage	-0.084 (-0.428)	-0.425 (-0.748)	0.222 (0.630)	-0.710 (-0.670)	-0.739 ** (-1.997)	0.529 (0.372)
Dual	-0.160 ** (-2.116)	0.623 *** (3.023)	-0.023 (-0.188)	-0.022 (-0.063)	0.287 ** (2.022)	0.918 (1.563)

续表

变量	TQ	PR	TQ	PR	TQ	PR
	东部		中部		西部	
Largeshare	-0.972*** (-4.672)	-2.137*** (-3.710)	0.590* (1.694)	0.925 (0.880)	-0.200 (-0.399)	1.833 (0.949)
Board	-0.061 (-1.586)	0.315** (2.555)	0.041 (0.472)	0.638** (2.519)	-0.002 (-0.026)	0.328 (1.186)
SOE	-0.854*** (-5.012)	-2.834*** (-3.456)	-0.453 (-1.584)	-4.182*** (-5.853)	-0.042 (-0.288)	-3.194*** (-5.205)
_cons	-2.375*** (-2.910)	-22.616*** (-9.875)	-2.420 (-1.501)	-13.112*** (-3.025)	-1.450 (-0.883)	-30.771*** (-5.546)
Industry	Yes	Yes	Yes	Yes	Yes	Yes
Year	Yes	Yes	Yes	Yes	Yes	Yes
N	4358	4358	1150	1150	707	707
F	17.322	16.582	11.675	24.520	7.670	11.384
R^2	0.112	0.125	0.143	0.139	0.124	0.167
Chow-test	p=0.000***					

2. 不同行业的分组检验

高科技企业由于拥有大量的核心研发技术壁垒，而外部投资者缺乏对其专利等创新成果的认知，更容易出现逆向选择和道德风险。而对于高科技企业而言，只有不断地创新与研发新产品，才能使企业保持竞争优势，但处于初创期的高科技企业，其发展前景具有高度不确定性，研发成果又非短期可以实现，再加上其信息披露也并不充分，投资者无法信任企业（Hall 和 Lerner, 2010），造成了企业发展过程中存在资金短缺等问题。而多轮次融资不仅缓解了高科技类型企业的融资约束等问题，还使外部投资者能够不断跟进企业的发展，并对企业进行适当的评估，使信息不对称程度降低，有利于提升企业价值。本书参照黄福广等（2016）对高科技行业的划分，将互联网行业、电信及增值、IT、新能源及节能技术、医疗健康行业认定为高科技企业。

由表 3.12 的结果看出，高科技企业多轮次融资与企业价值的回归系数分别为 0.459 和 1.030，且均在 1% 水平上显著。非高科技企业多轮次融资与企业价值的回归系数分别为 0.202 和 0.861，但均不显著。结果表明，多轮次融资对企业价值的提升作用在高科技组更加显著。

表3.12 多轮次融资对创业企业价值影响的回归结果：基于行业的分组检验

变量	TQ	PR	TQ	PR
	高科技行业		非高科技行业	
MR	0.459*** (3.677)	1.030*** (3.123)	0.202 (1.576)	0.861 (1.048)
Lnsize	0.227*** (4.689)	1.255*** (9.322)	0.046 (0.916)	0.737*** (5.749)
Lev	−0.920*** (−3.668)	−4.662*** (−7.548)	−0.130 (−0.486)	−1.983*** (−2.974)
ROA	−1.582*** (−4.006)	0.721 (0.782)	−0.979*** (−2.619)	1.711* (1.721)
Growth	0.333*** (3.298)	0.785*** (3.433)	0.047 (0.607)	0.052 (0.258)
Cash	−0.487*** (−2.840)	−0.653* (−1.798)	−0.430** (−2.534)	−1.090*** (−2.756)
Lnage	0.176 (0.696)	−0.383 (−0.531)	−0.277 (−1.477)	−0.907 (−1.556)
Dual	−0.055 (−0.625)	0.393 (1.605)	−0.162** (−2.060)	0.796*** (3.353)
Largeshare	−0.736*** (−2.966)	−0.559 (−0.730)	−0.552** (−2.410)	−2.232*** (−3.594)
Board	−0.014 (−0.309)	0.522*** (3.668)	−0.007 (−0.149)	0.391*** (2.587)
SOE	−0.779*** (−6.075)	−4.354*** (−9.612)	−0.489*** (−5.273)	−1.576*** (−2.685)
_cons	−1.959** (−2.062)	−19.676*** (−7.698)	1.189 (1.319)	−10.647*** (−4.366)
Industry	Yes	Yes	Yes	Yes
Year	Yes	Yes	Yes	Yes
N	3136	3136	3079	3079
F	10.496	17.396	5.464	14.562
R^2	0.126	0.125	0.079	0.077

3. 不同股权集中度的分组检验

股权集中度是衡量公司股东因持股比例的不同所代表的股权集中或股权分散的数量化指标，同时也是衡量公司的股权分布状态以及公司稳定性强弱的重要指标。企业股权集中度不同，多轮次融资对企业价值的影响可能不同。一些学者认为股权集中有利于企业价值提升。Hill 和 Snell（1988）认为，当企业采取不同战略规划策略时，企业股权特征对于企业价值的影响不同。当股权集中于少数股东手中时，可以激励企业加大研发投入，有利于企业价值提升。此外，若股权较为分散，则企业倾向于实施多元化战略。然而，一些学者持有相反的观点。刘国亮和王加胜（2000）研究表明，股权越分散，企业价值越高，而股权越集中，企业价值反而越低。随着公司规模越大，所有权与经管权会伴随着公司营运的复杂度而渐趋分离，同时股权集中度也会随着公司扩大经营而渐趋分散，使股东对管理层的监督成本增加，进而企业价值降低。Faccio 等（2011）认为股权集中度较高的公司做决策时会更加保守，尤其是风险厌恶型投资者会更倾向于规避风险。因为，风险厌恶型投资者的期望效用随其财富方差的增加而降低。如果股权相对集中在少数股东手中，外部风险的增加将降低他们的期望效用。当这一效应足够大时，控股股东将倾向于降低企业风险，以获得更高的效用。相比之下，股权较为分散的股东效用受外部环境影响较小，因为风险已经被分散。因此，股权集中度较高的企业更倾向于规避风险，会放弃一些对公司有长远意义的项目，牺牲那些需要较高初期投资的项目，如企业研发等创新活动，不利于企业价值提升。为了获取较有针对性的研究结论，本章按照企业前10大股东持股比例的年度和行业中位数将全样本分为高股权集中度组和低股权集中度组，结果如表3.13所示。

表3.13第（1）列和第（2）列结果显示，在高股权集中度组，多轮次融资与企业价值之间的回归系数分别为0.344和1.012，且均不显著。第（3）列和第（4）列结果显示，在低股权集中度组，多轮次融资与企业价值之间的回归系数分别为0.455和1.682，且均在1%水平上显著。总体而言，多轮次融资在股权集中度较低组中对企业价值的提升作用更为明显。

表 3.13　多轮次融资对创业企业价值影响的回归结果：基于股权集中度的分组检验

变量	TQ	PR	TQ	PR
	高股权集中度		低股权集中度	
MR	0.344 (1.036)	1.012 (1.154)	0.455*** (4.191)	1.682*** (5.222)
Lnsize	0.131*** (3.165)	1.453*** (10.406)	0.146*** (2.836)	0.998*** (7.555)
Lev	0.305 (1.436)	−1.142* (−1.806)	−0.728*** (−2.602)	−3.134*** (−4.789)
ROA	−0.350 (−1.063)	−0.212 (−1.613)	−1.552*** (−3.906)	3.452*** (3.129)
Growth	0.067 (0.761)	−0.035 (−0.163)	0.218** (2.510)	0.417** (2.011)
Cash	−0.116 (−0.785)	−0.661* (−1.781)	−0.628*** (−3.668)	−0.852** (−2.269)
Lnage	0.028 (0.156)	0.442 (0.707)	0.103 (0.462)	−0.403 (−0.636)
Dual	−0.106 (−1.413)	0.734*** (2.940)	−0.186** (−2.234)	0.227 (1.002)
Largeshare	0.133 (0.924)	−2.344*** (−3.214)	−0.188 (−0.674)	0.593 (0.818)
Board	−0.084** (−2.541)	0.286* (1.897)	−0.031 (−0.711)	0.425*** (3.142)
SOE	−0.548*** (−5.411)	−4.166*** (−7.901)	−0.547*** (−5.253)	−2.471*** (−3.955)
_cons	−1.694** (−2.159)	−26.181*** (−10.542)	−1.716* (−1.803)	−19.515*** (−7.316)
Industry	Yes	Yes	Yes	Yes
Year	Yes	Yes	Yes	Yes
N	2561	2561	3654	3654
F	19.066	11.657	23.075	13.411
R^2	0.134	0.117	0.135	0.128

第五节 稳健性检验

一、变量替换

为了避免变量测量带来的缺陷,在稳健性检验部分,本书进一步使用企业当年是否发生多轮次融资作为自变量,重新对回归模型进行了检验。表3.14 第(1)列和第(2)列为单变量检验,替换自变量以后,多轮次融资与企业价值依然在1%水平上显著正相关。第(3)列和第(4)列为不加入年度和行业控制变量的回归结果,第(5)列和第(6)列为加入行业和年度控制变量的回归结果,替换变量以后,所有回归结果均稳健。

表3.14   稳健性检验:替换变量回归结果

变量	TQ(1)	PR(2)	TQ(3)	PR(4)	TQ(5)	PR(6)
CMR	1.788*** (8.115)	7.145*** (11.009)	1.629*** (7.448)	6.423*** (9.907)	1.641*** (7.415)	6.935*** (10.800)
Lnsize			0.149*** (4.544)	1.050*** (11.927)	0.190*** (5.652)	1.160*** (12.674)
Lev			-0.641*** (-3.590)	-3.558*** (-7.946)	-0.314* (-1.715)	-2.259*** (-4.992)
ROA			-1.432*** (-5.445)	0.647 (0.993)	-1.300*** (-4.870)	1.571** (2.410)
Growth			0.175*** (2.836)	0.304** (2.056)	0.144** (2.322)	0.192 (1.315)
Cash			-0.428*** (-3.562)	-0.687** (-2.527)	-0.404*** (-3.316)	-0.551** (-2.021)
Lnage			0.138 (1.170)	0.808** (2.505)	0.138 (0.909)	0.250 (0.566)
Dual			-0.113* (-1.911)	0.572*** (3.405)	-0.140** (-2.369)	0.464*** (2.792)
Largeshare			-0.716*** (-4.292)	-1.752*** (-3.698)	-0.582*** (-3.461)	-1.221** (-2.563)

续表

变量	TQ(1)	PR(2)	TQ(3)	PR(4)	TQ(5)	PR(6)
Board			0.004 (0.111)	0.496*** (4.810)	-0.016 (-0.502)	0.449*** (4.369)
SOE			-0.605*** (-8.056)	-2.753*** (-6.789)	-0.659*** (-7.831)	-3.191*** (-7.851)
_cons	1.397*** (48.539)	4.840*** (58.265)	-1.007* (-1.792)	-17.125*** (-11.120)	-2.494*** (-3.993)	-22.406*** (-12.553)
Industry	NO	NO	NO	NO	Yes	Yes
Year	NO	NO	NO	NO	Yes	Yes
N	6215	6215	6215	6215	6215	6215
F	65.849	121.204	23.265	44.419	22.575	23.824
R^2	0.086	0.088	0.156	0.106	0.181	0.147

二、公司层面固定效应

考虑到可能存在难以观测的、不随时间发生变化的公司层面的遗漏变量会对回归结果产生影响，因此在原模型中加入公司层面的固定效应重新进行了检验，结果如表3.15所示。表3.15第（1）列和第（2）列为仅加入公司层面固定效应的检验（不包含其他控制变量），第（3）列和第（4）列为加入了其他控制变量（不包含年度和行业控制变量）的回归结果，第（5）列和第（6）列为加入行业和年度控制变量的回归结果。结果表明，加入了公司层面的固定效应之后，回归结果依然稳健。

表3.15　　　　　稳健性检验：公司固定效应

变量	TQ(1)	PR(2)	TQ(3)	PR(4)	TQ(5)	PR(6)
MR	0.268*** (7.621)	6.020** (2.230)	0.319*** (14.240)	6.244*** (3.898)	0.333*** (14.225)	6.150** (2.294)
Lnsize			0.002 (0.187)	0.485*** (18.039)	0.001 (0.078)	0.517*** (19.025)

续表

变量	TQ(1)	PR(2)	TQ(3)	PR(4)	TQ(5)	PR(6)
Lev			0.043 (1.456)	-0.609*** (-7.402)	0.039 (1.326)	-0.673*** (-8.155)
ROA			0.040 (1.337)	0.242*** (2.893)	0.036 (1.212)	0.174** (2.080)
Growth			-0.002 (-0.277)	0.015 (1.011)	-0.000 (-0.047)	0.015 (0.994)
Cash			-0.022** (-2.057)	-0.055* (-1.804)	-0.023** (-2.122)	-0.052* (-1.717)
Lnage			-0.092*** (-4.594)	-0.674*** (-12.132)	-0.109 (-1.205)	0.382 (1.514)
Dual			0.003 (0.268)	0.022 (0.632)	0.003 (0.246)	0.024 (0.671)
Largeshare			0.106* (1.947)	0.036 (0.236)	0.095* (1.724)	-0.085 (-0.557)
Board			-0.003 (-0.431)	0.053*** (3.111)	-0.004 (-0.675)	0.049*** (2.943)
SOE			-0.003 (-0.013)	-1.603*** (-2.867)	-0.002 (-0.011)	-1.661*** (-2.992)
_cons	1.427*** (28.421)	18.871*** (22.017)	1.520*** (9.032)	11.327*** (24.116)	1.635*** (7.220)	9.311*** (14.768)
Industry	No	No	No	No	YES	YES
Year	No	No	No	No	YES	YES
Firm FE	YES	YES	YES	YES	YES	YES
N	6215	6215	6215	6215	6215	6215
F	58.076	6403	20.830	49.991	17.194	37.628
R^2	0.033	0.072	0.043	0.098	0.055	0.112

三、分位数回归模型

考虑到企业价值存在明显偏态分布特征,本节仅使用古典OLS回归可能会造成结论不稳健。为了更准确地描述多轮次融资与企业价值之间的关系，使用了 Koenker 和 Bassett（1978）提出的分位数回归模型，将残差绝对值的加权平均作为最小化目标函数，避免了结果受极端值的影响，并能提供关于条件分布的全面信息。OLS 回归原理是计算得到自变量对因变量的平均边际效果，而分位数回归本质上是观察自变量对因变量条件分布的影响，并根据因变量的条件分布估计在不同分位点上自变量的边际效果。因此，本书引入分位数回归模型，分别在企业价值的四分位点进行回归，以区分不同企业价值情况下，企业多轮次融资对企业价值的影响是否不同。基于此，建立如下分位数回归模型：

$$\text{Quant}_\tau(M_t) = \beta_0 + \beta_1 MR_t + \gamma^T \times \text{Controls}_t + \varepsilon_t \tag{3.2}$$

其中，$\text{Quant}_\tau(M_t)$ 为给定条件下因变量 TQ 和 PR 的 τ 分位数，τ（$0 < \tau < 1$）为分位点，γ^T 为控制变量分位数回归系数，ε 为随机误差项。本书在计算时指定随机数种子为 10101，并使用自助法进行 500 次抽样以获得分位数回归的抽样标准误差。

表 3.16 为分位数模型回归结果。多轮次融资系数在所有分位数水平上都显著为正，证明了无论在何种企业价值水平分布下，多轮次融资对企业价值的提升都有显著激励作用，但激励作用边际效果不同。多轮次融资在低分位数（$\tau = 0.25$）时的系数分别为 0.125 和 0.841，且在 1% 水平上显著；在中分位数（$\tau = 0.5$）时的系数分别为 0.665 和 1.539，且在 1% 水平上显著；在高分位数（$\tau = 0.75$）时的系数分别为 1.320 和 2.956，且在 1% 水平上显著。研究表明，无论在何种企业价值水平上，多轮次融资均对企业价值有激励作用，但是对高等分位企业价值的激励作用边际效果更强。总之，使用分位数回归模型检验后，回归结果依然稳健。

表 3.16 稳健性检验：分位数回归结果

变量	TQ			PR		
	$\tau = 0.25$	$\tau = 0.5$	$\tau = 0.75$	$\tau = 0.25$	$\tau = 0.5$	$\tau = 0.75$
MR	0.125*** (32.209)	0.665*** (20.675)	1.320*** (18.918)	0.841*** (34.309)	1.539*** (39.825)	2.956*** (40.754)
Lnsize	0.035*** (24.413)	0.050*** (30.922)	0.185*** (20.611)	0.284*** (34.028)	0.895*** (26.667)	1.287*** (24.464)

续表

变量	TQ			PR		
	τ=0.25	τ=0.5	τ=0.75	τ=0.25	τ=0.5	τ=0.75
Lev	0.694*** (25.944)	0.712*** (19.484)	-0.228*** (-6.632)	-0.593*** (-63.577)	-2.332*** (-49.590)	-4.433*** (-39.685)
ROA	0.047*** (43.763)	-0.010*** (-4.961)	-1.045*** (-19.427)	-0.296*** (-30.785)	0.030 (0.536)	1.439*** (7.145)
Growth	-0.026*** (-27.992)	-0.019*** (-29.795)	0.088*** (15.104)	-0.026*** (-11.750)	-0.080*** (-5.245)	0.324*** (4.688)
Cash	0.005*** (7.835)	-0.012*** (-27.571)	-0.451*** (-32.288)	-0.037*** (-6.283)	-0.418*** (-14.386)	-1.645*** (-52.749)
Lnage	-0.072*** (-17.908)	0.012*** (15.509)	-0.004 (-0.207)	1.130*** (44.804)	1.388*** (23.720)	-0.433*** (-8.644)
Dual	-0.002*** (-3.986)	-0.008*** (-6.306)	-0.139*** (-8.154)	0.062*** (23.123)	0.115*** (4.308)	0.672*** (48.443)
Largeshare	0.000 (0.333)	-0.045*** (-48.745)	-0.625*** (-5.805)	-0.897*** (-33.903)	-1.685*** (-29.428)	-3.141*** (-29.209)
Board	0.001*** (4.186)	-0.004*** (-45.293)	-0.006 (-0.637)	0.140*** (47.013)	0.232*** (24.832)	0.670*** (32.731)
SOE	0.024*** (24.547)	-0.006** (-2.517)	-0.398*** (-34.816)	-0.794*** (-61.548)	-1.874*** (-38.886)	-3.892*** (-26.176)
N	6215	6215	6215	6215	6215	6215
Year	Yes	Yes	Yes	Yes	Yes	Yes
伪 R^2	0.098	0.128	0.225	0.102	0.124	0.245

注：1. 模型的随机种子为10101，括号里的值是抽样标准误差，抽样次数为500次。
2. *、**、***分别表示在10%、5%、1%水平上显著。

四、双重差分模型

考虑到可能存在潜在的内生性问题，多轮次融资与企业价值之间的关系有可能是内生的，即可能并非是多轮次融资引起的企业价值提升，而是一些遗漏变量引起的企业价值增值。为了排除这一影响，采用双重差分（DID）模型缓解内生性问题。2015年11月证监会发布了《全国股转系统挂牌公司分层方案（征求意见稿）。文件指出，对创新层企业推出一次审批、多次发行的储架发行制度。储架发行制度对新三板企业有重要的意义，代表新三板企业经一次性核准后，可以在一年内视自身资金需求分次进行股权融资。2016年5月，证监会发布《全国中小企业股份转让系统挂牌公司分层管理办法（试行）》。储架发行政策有利于推动企业实行多轮次融资策略，为本书提供了一个准自然实验的外生冲击。因此，使用 Post 作为时间虚拟变量，2016年之前取值为0，2016年之后取值为1。之后，设计一个 Treat 虚拟变量，若创新层企业由一次性融资策略变为多轮次融资策略，则取值为1。对于控制组，若融资策略没有变化，则 Treat 取值为0。具体模型如下：

$$Q_{i,t} = \alpha_0 + \alpha_1 MR_{i,t} + \gamma_1 Treat_{i,t} + \gamma_2 Post_{i,t} + \gamma_3 Treat_{i,t} \times Post_{i,t} + \gamma_4 Controls + \varepsilon_{i,t} \tag{3.3}$$

其中，$Q_{i,t}$ 代表企业价值，分别使用 TQ 和 PR 表示；$MR_{i,t}$ 代表多轮次融资虚拟变量，Treat 为组间虚拟变量，Post 为时间虚拟变量，其他控制变量与前文基本一致。

表 3.17 报告了双重差分的回归结果，其中第（1）列和第（2）列为不加入年度和行业控制变量的回归结果，第（3）列和第（4）列为加入了年度和行业控制变量的回归结果。第（1）列和第（2）列交乘项系数分别为 1.319 和 4.959，分别在 5% 和 1% 水平上显著。第（3）列和第（4）列交乘项系数分别为 1.306 和 5.064，分别在 5% 和 1% 水平上显著。因此，DID 模型也进一步支持了本书的检验结果，创业企业采取多轮次融资策略显著提升了企业价值。

表 3.17　　　　　　　稳健性检验：双重差分模型回归结果

变量	TQ (1)	PR (2)	TQ (3)	PR (4)
Treat * Post	1.319** (2.415)	4.959*** (3.307)	1.306** (2.402)	5.064*** (3.428)
Treat	1.220** (2.439)	2.100* (1.793)	1.151** (2.303)	1.690* (1.717)
Post	−0.090 (−1.076)	0.716*** (2.609)	−0.206 (−1.253)	1.476*** (3.064)

续表

变量	TQ (1)	PR (2)	TQ (3)	PR (4)
Lnsize	0.119*** (3.709)	0.994*** (11.409)	0.158*** (4.856)	1.138*** (12.567)
Lev	-0.575*** (-3.340)	-3.450*** (-7.895)	-0.293* (-1.672)	-2.314*** (-5.266)
ROA	-1.063*** (-4.251)	1.898*** (2.964)	-1.010*** (-3.948)	2.294*** (3.577)
Growth	0.153** (2.539)	0.323** (2.206)	0.120** (1.973)	0.179 (1.225)
Cash	-0.482*** (-4.271)	-0.950*** (-3.712)	-0.454*** (-3.961)	-0.789*** (-3.050)
Lnage	-0.037 (-0.299)	-0.411 (-1.195)	0.109 (0.740)	0.204 (0.474)
Dual	-0.091 (-1.583)	0.633*** (3.844)	-0.115** (-1.994)	0.519*** (3.180)
Largeshare	-0.704*** (-4.443)	-1.747*** (-3.735)	-0.600*** (-3.743)	-1.393*** (-2.959)
Board	-0.024 (-0.755)	0.410*** (4.082)	-0.041 (-1.306)	0.369*** (3.684)
SOE	-0.414*** (-5.600)	-2.336*** (-5.889)	-0.442*** (-5.569)	-2.686*** (-6.771)
_cons	-0.021 (-0.038)	-14.033*** (-9.020)	-1.845*** (-2.985)	-21.555*** (-12.127)
Industry	NO	NO	Yes	Yes
Year	NO	NO	Yes	Yes
N	6215	6215	6215	6215
F	25.338	45.091	23.421	24.580
R^2	0.111	0.137	0.131	0.167

五、Heckman 两阶段检验

考虑到开展多轮次融资的企业可能本身价值较高，实证过程中可能存在样本自选择和遗漏变量等内生性问题，本书借鉴王化成等（2015）的研究，使用同年度同行业企业开展多轮次融资的次数（Ave_MR）作为多轮次融资的工具变量。第一阶段使用 Probit 模型估计企业获得多轮次融资时的逆米尔斯比率（IMR），并参考王会娟和张然（2012）的研究，补充增加企业所在地是否是风险资本发达地区、是否为高科技企业（Hightech）、企业创新投入（RD）等作为第一阶段的控制变量。将第一阶段的逆米尔斯比率加入到模型 3.1 回归方程进行重新估计，结果如表 3.18 所示。

表 3.18 结果表明，第（2）列结果显示以 TQ 测量企业价值时，逆米尔斯比率（IMR）不显著，不存在自选择效应。第（3）列结果显示当用 PR 测量企业价值时，逆米尔斯比率（IMR）显著为负，说明存在了一定的自选择效应，但本书的自变量 MR 依然显著为正，系数在 1% 水平上显著，表明自选择偏差并不影响本书研究结论。

表 3.18　　　　　稳健性检验：Heckman 两阶段回归结果

变量	MR (1)	TQ (2)	PR (3)
AVE_MR	0.689 ** (2.062)		
MR		0.434 *** (5.037)	1.472 *** (5.972)
VC	0.015 (0.735)		
Hightec	0.123 ** (2.415)		
RD	0.261 (1.510)		
IMR		0.134 (0.319)	-2.901 *** (-2.592)
Lnsize	0.385 *** (16.873)	0.231 * (1.786)	0.335 (0.943)
Lev	-0.828 *** (-7.290)	-0.433 (-1.361)	-0.362 (-0.414)
ROA	-0.898 *** (-5.821)	-1.403 *** (-3.356)	4.067 *** (3.602)

续表

变量	MR (1)	TQ (2)	PR (3)
Growth	0.083*** (2.718)	0.173** (2.437)	0.069 (0.388)
Cash	-0.095 (-1.638)	-0.457*** (-3.536)	-0.503 (-1.636)
Lnage	1.351*** (11.388)	0.172 (0.363)	-3.301** (-2.476)
Dual	-0.190*** (-4.724)	-0.144 (-1.585)	0.895*** (3.715)
Largeshare	-1.439*** (-11.488)	-0.671 (-1.292)	2.256 (1.585)
Board	-0.034* (-1.697)	-0.025 (-0.738)	0.500*** (4.606)
SOE	-0.381** (-2.524)	-0.704*** (-4.654)	-2.437*** (-4.709)
_cons	-11.607*** (-12.236)	0.134 (0.319)	-2.901*** (-2.592)
Industry	Yes	Yes	Yes
Year	Yes	Yes	Yes
N	6215	6215	6215
adj. R^2	0.107	0.098	0.097

六、倾向得分匹配法检验

使用倾向匹配法进一步修正可能存在的内生性问题，即考虑到不一定是多轮次融资提升了企业价值，有可能采取多轮次融资的公司本身与采取一次性融资的公司本身存在一些企业特征差异，从而导致了二者的企业价值存在差异，因此使用倾向得分匹配方法排除这种影响。借鉴郑玉（2020），使用最近邻匹配方法，控制了企业规模、盈利水平、企业年龄、所处行业等特征。首先，在采用一次性融资的企业中筛选与多轮次融资企业具有相似特征的企业，匹配特征选择企业规模（Lnsize）、企业现金流量比率（Cash）、企业是否为高科技企业（Hightech）、企业年龄（Lnage）、企业销售增长率（Growth）、企业研发投入（RD）；其次，对筛选后的样本进行匹配效果检验和回归分析，结果如表3.19和表3.20所示。由表3.19可知，控制组和对照组在匹配前均存在显著差异，而匹配后不存在显著差异。表3.20结果表明，在控制变量自选择的影响后，结论依然成立。

表3.19　　　　稳健性检验：PSM 匹配效果检验

Variable	Unmatched Matched	Mean		% bias	% reductbias	t – test	
		Treated	Control			t	p > t
Lnsize	U	18.989	18.342	60.4		18.40	0.000
	M	18.982	18.995	-1.3	97.9	-0.31	0.758
Cash	U	-0.718	-0.032	-9.7		-3.17	0.000
	M	-0.067	-0.075	2.0	79.1	0.46	0.538
Hightech	U	0.563	0.490	14.8		4.59	0.000
	M	0.563	0.549	2.5	83.0	0.62	0.538
Lnage	U	2.178	2.085	37.1		-1.85	0.000
	M	2.178	2.164	4.7	87.4	11.31	0.232
Growth	U	0.261	0.261	0.1		0.04	0.971
	M	0.262	0.257	0.7	87.2	0.17	0.866
RD	U	0.099	0.085	10.2		3.28	0.001
	M	0.097	0.103	-4.1	60.0	-0.90	0.370

表3.20　　　　稳健性检验：倾向匹配得分结果

Variable		Treated	Controls	Difference	T – stat
TQ	Unmatched	2.043	1.346	0.696	9.35***
	Matched	2.021	1.467	0.554	5.33***

第六节　本章小结

对于创业企业而言，多轮次融资是创业企业发展中的一种常见融资手段。由于创业企业具有高信息不对称和不确定性特征，若选择一次性将项目所需资金募集完毕，不仅会付出较高的融资成本，还会出让企业大部分股权，容易造成企业创始人和高管等核心员工的股权过度稀释，导致企业控制权落入他人手中，不利于企业的长远发展。而创业企业通过多轮次融资方式，将项目所需资金分轮次进行融资，即分别安排在企业发展的关键节点进行融资，如销售目标达成、新产品的开发取得进展、获得重要客户或市场占有率大幅提高等，则大幅降低了投资者对企业发展前景不确定性的担忧，从而降低了融资成本，增加了企业投资，最终实现企业价值提升。

本章在详细分析多轮次融资对企业价值影响的理论基础上，提出研究假设并设计了模型，以新三板企业为样本进行实证分析。首先定义了相关变量主要变量的测量方法，并对研究样本中的主要变量进行描述性统计。其次，为了便于观察多轮次融资企业和单轮次融资企业的价值数据分布区别，绘制了小提琴图进行了比较分析。再次，对多轮次融资与单轮次融资企业进行了均值 T 检验分析，观察两组企业的特征性差异。最后，对各主要变量进行了 Pearson 相关性分析。

实证分析部分，本章在控制企业财务特征、公司治理特征和其他相关控制变量后进行 OLS 回归分析，发现企业多轮次融资显著提高了企业价值，融资轮次和融资规模与企业价值显著正相关，而融资时间间隔与企业价值显著负相关。然后，分析了多轮次融资对企业成长性的影响。结果表明，多轮次融资对企业的净利润增长率的作用不显著，而对企业的销售增长率和总资产周转率有显著的正向影响。进一步，根据空间异质性、行业特性和股权结构对企业进行细分，具体包括企业是否处于东部、西部或中部区域，企业是否为高科技行业，企业股权集中度高低等，对子样本进行分组回归。结果表明，位于西部地区的企业进行多轮次融资对企业价值提升作用不明显，但位于东部和中部地区的企业开展多轮次融资都会显著提升企业价值，且东部地区的边际效果更显著。而对于行业分组，高科技行业开展多轮次融资对企业价值具有显著提升作用，非高科技组采取多轮次融资作用不明显。最后，按照股权集中度进行分组，发现股权集中度越低，多轮次融资对企业价值的提升作用效果更好。

为了使上述结论更加稳健，本研究进行了以下稳健性检验。第一，为了解决变量测量误差，对自变量进行了替换。第二，为了避免数据回归结论受到极端值的影响，使用了分位数回归模型重新进行了检验。第三，为解决自选择和逆向因果等问题，使用了工具变量替代原自变量，使用 Heckman 两步法和两阶段最小二乘法（2SLS）进行处理。第四，为解决遗漏变量等问题，对样本企业采用了双重差分法（DID）重新进行检验。第五，使用倾向匹配得分法（PSM）降低样本选择性偏差带来的影响。使用上述五种方法对模型重新进行了回归，发现结果依然稳健。总体来看，创业企业进行多轮次融资有利于提升企业价值。无论是对于企业来说，还是投资者来说，多轮次融资都是互惠共赢的策略。

第四章

多轮次融资对创业企业价值的影响机制检验

第四章 多轮次融资对创业企业价值的影响机制检验

本书已经证明了多轮次融资对企业价值的正向影响,但是其影响机制尚不清楚。本章在第三章研究基础上,进一步深入分析多轮次融资对企业价值影响的具体机制路径。首先,从理论上分析了多轮次融资通过降低资本成本、提高企业风险承担水平和公司治理水平等三种机制路径来提升企业价值的可能性,并提出了相关研究假设。其次,通过研究设计和实证分析验证假设。最后,使用变量替换、倾向得分匹配(PSM)等方法进行了稳健性检验,最终得到研究结论。

第一节 理论分析与研究假设

一、多轮次融资对企业价值的影响——权益资本成本机制

获得财务资源是创业企业创建过程中最重要的任务之一(Ko 和 McKelvie,2018)。财务资源不仅能够使企业家充分利用确定性的机会,而且有助于企业实现利润增长。然而,由于企业家和潜在投资者之间固有的信息不对称以及企业发展的高度不确定性,企业家很难获得外源融资。Aghion 和 Bolton(1992)提出了关于企业控权的重要性,随后 Hart 和 Moore(1989)的研究也证实了企业将一定程度的控制权让渡给投资者有利于企业的融资。对于创业企业而言,创始人并不希望控制权被过度稀释,因此多轮次融资是一种既为投资者提供了企业一定程度的控制权,又避免创始人股权被过度稀释的"互利共赢"方案。

资本成本是公司财务管理中的一个重要核心概念。资本成本是企业募集和使用资金所付出的代价。权益资本成本,亦称为股权融资成本,指的是投资者要求的最低报酬率,也是普通股股东要求的必要报酬率。同理,债务资本成本是借款人要求的最低收益率。本书主要研究的是企业的股权融资,因此仅关注权益资本成本的变动。企业控制权和所有权的分离,使得投资者无法判断企业真实信息,投资者就会寻求风险补偿机制提高投资所要求的回报率,使公司的融资成本增加(肖泽忠和邹宏,2008)。因此,权益资本成本的主要影响因素在于风险,而信息不对称程度又会使投资者面临的风险增加,进而投资者会要求提高必要报酬率,导致权益资本成本会增加,使企业不得

不放弃一些净现值（NPV）为正的投资机会，最终导致企业价值下降。

创业企业多轮次融资有助于缓解外部投资者对企业发展不确定性的担忧，从而降低融资成本，提高企业价值。创业每一轮融资都伴随着风险资本与企业家之间的深度磨合与信息交流，风险资本获得的信息越多，越容易发现企业的价值并将企业价值信息传递给市场中其他投资者，从而降低企业和投资者之间的信息不对称程度，缓解了投资者对企业发展不确定性的担忧，有利于降低融资成本，促进企业价值提升。同时，如果企业发展良好，在后续融资中企业可以以更高的价格发行股票，企业的融资成本也会降低。Barry 等（1990）认为，风险资本具有认证作用，可以为企业创新活动吸引更多的资金。风险资本在一定意义上是企业与投资者之间的信息中介，可以有效解决信息不对称的问题（Tian，2011）。有风险资本支持的企业往往向外界传递企业发展前景良好的信号，因为只有高成长性的企业才会吸引风投的介入。Megginson 和 Weiss（1991）发现有风险资本参与的企业具有更低的 IPO 折价率，证实了风险资本的认证作用。因此，前一轮融资风险资本的参与，往往会吸引更多的其他投资者参与到企业的后续融资中，有利于缓解企业资金约束，促进企业增加研发等投资活动，进一步提升企业价值。尤其是企业若能得到高声誉风投机构的青睐，其认证效果更强。Hochberg 等（2012）研究发现，当高声誉风投资本投资一家企业时，往往会带动更多机构投资者对这家企业的调研，从而引起更多的跟投投资者。

在创业企业多轮次融资中，管理层认购股票虽然无法直接消除管理层和股东之间的信息不对称，但管理层持股比例越多，管理层的利益和股东利益越趋于一致，有助于缓解代理问题（Manso，2011），降低资本成本。同时，高管和核心员工对公司股票的认购有助于增强外部投资者对公司发展前景的信心，也有利于降低企业融资成本。Gompers（1995）认为分阶段融资大幅降低了管理层使用投资者钱财谋取私利的可能性，相当于节约了投资者的监督成本。为了确保企业再融资时能够获得更多的股权，避免股权被过度稀释，企业创始人和高管团队也会努力工作，最大化地提升企业价值。

最后，对于创业企业来说，每轮次融资若能吸引新的投资者，就可以避免股权过于集中在少数"股东"手中，提高投资者对企业的信任程度，从而降低融资成本。股权结构通过对代理成本和信息不对称的影响而作用于融资约束。在集中的股权结构下，控股股东具有侵占中小股东的动机和能力，大股东的掏空行为会降低公司价值,增加公司陷入财务困境的概率(苏坤等,2010),加剧了投资者的投资风险。因而,投资者会要求较高的股权和债权投资溢价(Luo 等,2014)。同时,大股东为了掩盖其进行掏空的行为,会降低信息披露质量(Boubaker 和 Sami,2011),加剧投资者与企业的信息不对称。由于在其他条件相同的情况下,投资者感知到的风险越高,其要求的回报率也越高,而较低的信息披露水平会加剧投资者对企业未来收益不确定性的担忧,因此投资者会对信息披露质量低的企业给予更高的风险评级,进而要求更高的投资回报。

总之,在创业企业多轮次融资中,无论融资来源是外部风险资本,还是内部高管和核心员工,多轮次融资都有利于企业降低融资成本,促进企业增加投资,最终提升企业价值。基于此,提出本章研究假设。

假设 4.1:多轮次融资通过降低资本成本提高企业价值。

二、多轮次融资对企业价值的影响——风险承担机制

企业未来收益的不确定性是企业价值的重要影响因素,而股东是未来不确定性风险的最终承担者(高磊等,2020)。企业管理者需要在不确定性环境下做出一些投资决策行为,如研发投资、固定资产投资等,而这些决策与企业的风险承担水平紧密关联(何威风等,2018)。对于不确定性风险,外部投资者和企业经营决策者的风险偏好并不一致。面对高不确定性风险投资项目,股东风险偏好随着其持股比例不同而改变,股东风险偏好的改变又会影响企业投资决策,进而影响企业价值(Faccio 等,2011)。

首先,创业企业通过多轮次融资可以引入更多的外部投资者帮助企业分散投资风险,提高企业风险承担水平。Tian 等(2011)研究发现,两个或更多的风险资本在同一轮次中投资同一家企业,可以共担风险,并帮助企业实现价值成长。风险资本有大量的社会关系网络,帮助企业从外界获取更多的资源,如技术资源、信息资源、供应链资源等,并帮助企业进行融资规划,为企业风险承担提供了保障,提高了企业的风险承担水平(Colombo 和 Murtinu,2017)。此外,引入的风险投资机构越多,越能为初创企业提供更丰富的资源和专业指导。例如,有一些机构投资者更擅长筛选一些好的项目,有些风投机构有更多的社会网络资源,能够为企业招聘优秀的管理者和员工,帮助

企业整合上下游供应链，而另外一些风投机构更擅长帮助企业募集资金等。因此，多轮次融资企业会获得更多的资源和资金支持，提高了企业承担风险的意愿，激励企业进行技术创新等高风险高收益的投资活动，有利于实现企业价值提升。

其次，风险资本较高的失败容忍度，也会提升高管的风险承担水平，降低了高管规避风险的意愿，减少了高管放弃投资净现值大于零的项目的可能性，从而做出有利于企业的投资决策，进一步提升企业价值。风险承担反映出企业为最大化企业价值所愿意承担的代价（Boubakri等，2013），较高的风险承担水平代表企业愿意承担高风险高收益项目，如创新投资等。技术创新能力是企业发展中的核心竞争力，但不同于传统的经营活动，企业的创新投资是典型的高风险投资行为。因此，激励企业创新需要较高的风险承担能力和失败容忍度。而风险资本设立的目的是为了追求高的投资回报率，因此不同于传统金融中介，风险资本对创业企业具有较高的失败容忍度，并愿意为初创企业提供资金和专业技术支持，帮助初创企业成长（Tian，2011）。此外，风险资本还可以帮助企业完善创新激励机制，设计奖金或股权激励等方式提高企业高管的主人翁意识，加倍努力工作，从而促进企业价值提升。

再次，创业企业向管理层进行融资也有利于提升其风险承担水平。创业企业管理层作为风险承担的投资决策者，一直备受学术界和理论界的关注。已有学者从管理者的职业经历（何瑛等，2019）、学术经历（苑泽明等，2020）、海外经历（郑明波，2019）等方面研究分析了高管风险承担行为的影响。Lee等（2013）研究发现管理层持股数量也影响高管的风险承担水平，即高管持股比例增加可以使管理者和股东利益一致，降低管理团队更多考虑规避风险进行决策行为的动机。苏坤（2015）认为股权激励有利于降低代理问题，提高了高管风险承担意愿，促使高管更关注企业长远发展。Coles等（2006）研究发现股权激励会提高管理层的风险承担水平，实施股权激励的企业研发投入较高。Lewellyn和Muller－kahle（2012）认为管理层持股集中度较低时，企业决策偏于保守，此时管理层更倾向于规避风险。当管理层持股比例越高时，管理层自主权越大，管理层越勇于承担风险。

最后，多轮次融资通过引入不同股东，增强了企业股东多元化程度，有利于分散风险，提升企业价值。创业企业每轮次融资或引入风险资本和其他机构投资者，或引入高管和核心员工，优化了企业股权结构，可以分散企业的经营风险,从而进一步提升企业价值。Ortega - Argilés 等（2005）研究发现,股权集中度越高,企业研发意愿越低,越不利于企业价值提升,这种情况在现金流权和控制权偏离度较高的企业中更为明显。Dittmar 等（2007）研究发现股东的多元化有利于提高控股股东的风险承担能力,促进企业投资行为。此外,多个大股东会降低控股股东谋取私利的可能性,降低了控股股东规避风险的动机,使其做出更有利于企业价值增值的投资决策。Faccio 等（2011）提出股东多元化程度较高的企业风险承担能力较强,倾向于从事企业创新等高风险高收益等活动。研究认为,控股股东的特质影响公司的选择。多元化程度较低的控股股东倾向于规避风险,可能会选择放弃一些正的净现值项目。相反,多元化程度高的控股股东可能会投资所有净现值为正的项目,而不考虑这些项目的风险。因此,多元化股东可以共同承担企业经营活动中的风险,尤其对于创新类高风险项目,从而促进企业加大技术创新投入。

综上所述,一方面,企业向高管和风险资本进行多轮次融资可以使高管和风投的持股比例增加,增强了企业的风险承担水平。另一方面,企业引入内外部投资者,优化了企业股权结构,使股权结构更加多元化,也有利于提高企业风险承担水平。此外,也有学者发现,企业股权结构差异化程度越高,其风险偏好差异越大,越有利于提高企业风险承担水平（Dhillon 和 Rossettwo,2015）。基于此,提出本章研究假设。

假设4.2:多轮次融资通过提高企业风险承担水平提高企业价值。

三、多轮次融资对企业价值的影响——公司治理机制

企业价值是通过积极主动的项目管理和公司治理创造的。而创业企业往往伴随着新生者劣势（Liability of Newness）。Hallen（2008）指出,创业企业具有资金短缺、管理团队经验不足和人才流失严重、公司治理结构不健全和声誉低等特征。因此,创业企业需要向风险资本等专业投资者寻求帮助以完善公司治理机制。从资源基础理论和社会网络理论视角来看,风险资本具有丰富的社会资源和人脉网络,能够帮助创业企业获得所需资源,促进企业快速成长（Warne,1988）。从不确定性和代理理论视角分析,风险投资机构能够帮助创业企业完善公司治理结构,并对其日常经营活动进行监督,从而降

低代理成本和不确定性（董静等，2017；彭涛等，2018）。

首先，创业企业通过多轮次融资吸引更多的风险资本等专业投资者来提供管理增值服务。增值服务是指风险资本利用其专业知识，为创业企业管理团队提供战略规划等专业化建议，利用其行业专长帮助企业实现价值增值。Hellmann 和 Puri（2002）研究发现，风险投资机构将通过派驻专业 CEO 来替代创始人更好地完善企业公司治理机制，从而为创业企业提供更加专业的增值服务。研究指出，与财务资本相比，风险投资提供的非财务价值增值活动（Non-financial Valve-added）更有可能帮助创业企业实现价值提升。风险投资机构往往是某些领域的专家，具有丰富的专业知识和技能，可以为创业企业提供专业建议（Hellmann 和 Puri，2002）。Large 和 Muegge（2008）发现风险资本向创业企业提供的增值服务几乎涵盖了企业日常管理和运营的所有环节。Knockaert 和 Vanacker（2013）认为风险资本可以提供战略规划支持、社会网络支持和人力资本支持等。Tian 等（2016）认为，风险资本具有广泛的社会网络资源，可以帮助创业企业招聘管理人员，或通过获得董事会席位的方式主动参与创业企业的日常运营，努力为企业创造价值。

其次，多轮次融资可以有助于企业改善监督机制和建立起内化问责机制。作为积极投资者，风险资本投资企业后会通过出席股东大会、委派董事、监事或者高管等多种途径参与企业公司治理。公司治理机制是为了保护参与经济交易的各方利益，避免各利益相关者受到不可预测事件的冲击或机会主义行为的侵害（Williamson，1985）。在公司治理机制中，董事会代表全体股东，并为企业的整体利益做出决策。因此，董事会是治理结构的核心，是最重要的决策和监控机构。根据资源依赖理论，董事会也须肩负起公司资源提供者的角色，填补公司所需的外在资源，以降低公司对外在资源的依赖程度以及不确定性。因此，董事会规模越大，董事会成员背景越多样化，越不易为管理者所掌控，更容易实现对管理者的监督角色。然而，并不是所有的投资者都能获得董事会席位。通常来说，持股比例较高的风险资本会委派一名代表，或选择一名外部专家进入被投资企业的董事会参与企业的日常运营管理。同时，风险资本家还会通过发送电子邮件、董事会电话会议与企业家沟通交流企业运营情况并进行监督，以便及时发现企业经营中的问题。此外，风险投资还会帮助企业建立一套治理系统来保证执行和问责。强效的公司治理机制不仅可以减少股东与管理层之间的代理问题（第一类代理问题），还可以减轻中小股东与大股东的代理问题（第二类代理问题），从而降低了企业的经营风险（彭涛等，2018）。

最后，通过多轮次融资引入多个持股比例较高的非控股大股东，形成相互制衡的治理结构，能够有效监督控股股东的决策，降低了控股股东利用控制权谋取私利的可能性（高磊等，2020）。作为股权资本的重要提供者，控股股东和非控股大股东的行为会对创业企业的经营与管理产生重要的而影响。段云等（2011）研究发现，大股东会利用绝对的控制权影响董事会结构，进一步影响管理层决策，从而达到控制企业资源的目的。若企业存在绝对控股股东时，其他非控股大股东对公司治理水平的边际影响降低。当企业不存在绝对控股股东时，多个非控股股东之间形成了相互制衡的治理结构，有利于使管理层做出符合企业长远发展的决策。朱德胜等（2016）指出，多个非控股大股东共同监督产生的收益大于监督成本，有利于企业更好地把握风险和创造价值。此外，非控股大股东通过委派代表参与企业董事会议，通过与创业团队保持沟通交流，有利于缓解双方之间的利益冲突，共同致力于企业价值的创造。基于此，提出本章研究假设。

假设4.3：多轮次融资通过提高企业公司治理水平提高企业价值。

第二节 研究设计

一、研究样本与数据来源

本章与第三章使用相同的数据样本，即使用2014—2019年在新三板挂牌的企业作为研究样本，研究期间覆盖2014—2020年，但不包括如下样本：（1）剔除金融行业的样本（包括银行、证券、保险及其他金融类企业），因为金融类企业财务准则与其他行业企业不同，数据波动性较大；（2）剔除ST类样本；（3）剔除挂牌以后未发生过融资的样本，因为本书旨在对比当企业决定融资时是采取多轮次融资策略还是一次性融资策略；（4）剔除基本财务数据和企业价值相关数据缺失样本，最终得到本章样本。本章中企业股权融资数据来源于Wind数据库新三板专题统计数据库，缺失的融资数据手工采集于企业股票发行方案等公司公告，财务数据来源于 Wind 数据库和国泰安（CSMAR）数据库，为了克服极端值影响，本书对连续变量前后各 1% 进行了 Winsorize 缩尾处理。

二、主要变量

（一）因变量

本章因变量是企业价值。参考已有的文献（Lang 等，1994；Zhu 等，2016；高磊等，2020），企业价值（TQ）使用 Tobin's Q 来衡量，即股权和债权市场价值总和占股权和债权账面价值总和之比。为了避免变量测量带来的缺陷，参照郭照蕊和黄俊（2020），使用年末股票收盘价（PR）作为企业价值的替代变量。

（二）自变量

本章自变量主要变量与第三章相同，企业是否发生多轮次融资（MR）：参照黄福广等（2019）文献，若企业当年发生过两轮及以上的股权融资事件即可认为企业当年发生过多轮次融资，鉴于企业多轮次融资对企业价值具有持续性影响，因此将多轮次融资虚拟变量定义为从企业发生多轮次融资的年份起，该变量取值为 1，否则为 0。例如，若企业 2017 年发生过多轮次融资，则企业 2017 年至 2020 年均取值为 1。为了避免变量测量带来的缺陷，本书也使用了替换变量，即当年是否发生多轮次融资（CMR）作为稳健性检验，若企业当年发生过两轮及以上的股权融资事件，则当年取值为 1，否则为 0。例如，若企业只有 2017 年发生过多轮次融资，则 2017 年取值为 1，2018 年至 2020 年取值为 0。企业股权融资本成本（RE）：参照肖珉和沈艺峰（2008）文献，使用盈余价格比作为权益资本成本的代理变量，并删除取值小于 0.01 和大于 0.15 的样本，最终得到 2530 个样本。在稳健性检验部分，使用 PEG 模型衡量企业的股权融资成本，其计算公式为：

$$REG = \sqrt{\frac{eps_{t+2} - eps_{t+1}}{P_t}} \tag{4.1}$$

其中，eps_{t+2} 为分析师预测的第 $t+2$ 期每股收益值，eps_{t+1} 为分析师预测的第 $t+1$ 期每股收益值。但由于新三板缺乏独立中介机构发布的有关挂牌企业的每股收益预测信息,因此参照陆正飞和叶康涛(2004)的做法,使用实际值替代预测值。企业风险承担水平(RS),参照何瑛等(2019)文献,以三年期间隔作为依据(t年至t+2年),滚动测量经行业调整的ROA(Adj_ROA)的标准差。具体来说,首先使用所有样本企业的行业平均值对每家企业每年的ROA进行调整,然后计算所有样本在观测3年期间经行业调整的ROA的标准差,即为本研究的风险承担水平(RS)。为了使结果更稳健,在稳健性部分使用经行业调整后的极差(RSM)替换。具体计算公式为:

$$\text{Adj\_ROA}_{i,t} = \frac{\text{EBIT}_{i,t}}{\text{Asset}_{i,t}} - \frac{1}{X}\sum_{k=1}^{X}\frac{\text{EBIT}_{i,t}}{\text{Asset}_{i,t}} \quad (4.2)$$

$$\text{RS}_{i,t} = \sqrt{\frac{1}{T-1}\sum_{t=1}^{T}\left(\text{Adj\_ROA}_{i,t} - \frac{1}{T}\sum_{t=1}^{T}\text{Adj\_ROA}_{i,t}\right)^2} \times 100 \quad (4.3)$$

$$\text{RSM}_{i,t} = \text{Max}(\text{Adj\_ROA}_{i,t}) - \text{Min}(\text{Adj\_ROA}_{i,t}) \times 100 \quad (4.4)$$

企业公司治理水平变量(BM):参照穆林娟等(2013)文献,使用企业年度召开的董事会次数测量。在稳健性检验部分,使用监事会年度召开次数(SUPM)衡量企业公司治理水平。

(三)控制变量

1. 公司财务状况变量

公司财务状况变量包括资产负债率(Lev)、总资产报酬率(ROA)、企业销售增长率(Growth)和现金流量比率(Cash)。资产负债率(Lev)使用企业当年年末负债总额除以企业当年年末资产总计来衡量(郭玥,2018)。企业总资产报酬率(ROA)采用企业当年净利润除以企业当年年末总资产来测量(沈毅等,2019)。企业销售增长率(Growth)使用企业本年度营业收入和上年度营业收入之差除以上年度营业收入来衡量(黄福广和王建业,2019)。企业资产现金流量比率(Cash)使用经营活动现金流量净额除以营业收入来衡量(黄福广等,2019)。

2. 公司治理变量

公司治理变量包括第一大股东持股比例(Largeshare)、董事会规模(Board)和两职合一(Dual)。

3. 其他影响企业价值的变量

其他影响企业价值的变量包括企业规模(Lnsize)、企业年龄(Lnage)

和企业产权性质（SOE）。企业规模（Lnsize），使用企业年末资产的自然对数测量。企业年龄（Lnage）使用样本年份与企业成立年份的差值取自然对数（高磊等，2020）。企业产权性质（SOE），如果企业的实际控制人是国企取值1，否则取值0（温军和冯根福，2018）。

三、实证模型

根据理论分析和研究假设，为了检验多轮次融资对企业价值的影响路径，采用温忠麟等（2005）使用的中介效应检验方法，构建如下多元回归模型：

$$Q_{i,t} = \alpha_0 + \alpha_1 MR_{i,t} + \gamma Controls + \varepsilon_{i,t} \tag{4.5}$$

$$RE_{i,t} = \alpha_0 + \alpha_1 MR_{i,t} + \gamma Controls + \varepsilon_{i,t} \tag{4.6}$$

$$Q_{i,t} = \alpha_0 + \alpha_1 MR_{i,t} + \alpha_2 RE_{i,t} + \gamma Controls + \varepsilon_{i,t} \tag{4.7}$$

$$RS_{i,t} = \alpha_0 + \alpha_1 MR_{i,t} + \gamma Controls + \varepsilon_{i,t} \tag{4.8}$$

$$Q_{i,t} = \alpha_0 + \alpha_1 MR_{i,t} + \alpha_2 RS_{i,t} + \gamma Controls + \varepsilon_{i,t} \tag{4.9}$$

$$BM_{i,t} = \alpha_0 + \alpha_1 MR_{i,t} + \gamma Controls + \varepsilon_{i,t} \tag{4.10}$$

$$Q_{i,t} = \alpha_0 + \alpha_1 MR_{i,t} + \alpha_2 BM_{i,t} + \gamma Controls + \varepsilon_{i,t} \tag{4.11}$$

其中，$Q_{i,t}$代表企业价值，分别使用 TQ 和 PR 表示；$MR_{i,t}$代表企业是否发生多轮次融资；$RE_{i,t}$代表股权融资成本；$RS_{i,t}$代表企业风险承担能力；$BM_{i,t}$代表企业公司治理水平，使用董事会会议召开次数作为代理变量；Controls 代表控制变量，包括企业规模、企业负债率、企业总资产报酬率、现金流量比率、企业年龄、企业产权性质、是否两职合一、第一大股东持股比例、董事会规模、企业销售增长率以及年度和行业控制变量；$\varepsilon_{i,t}$为随机误差项。模型4.6和模型4.7是权益资本成本中介效应检验，模型4.8和模型4.9是企业风险承担能力中介效应检验，模型4.10和模型4.11是企业公司治理中介效应检验。

第三节　描述性统计分析

一、主要变量描述性统计

表4.1为新增加主要变量描述性统计，其他变量描述性统计与第三章相

同。由表 4.1 可知，企业股权融资成本最小值为 0.01，最大值为 0.148，标准差为 0.037，表明不同企业之间股权融资成本差异很大。企业风险承担水平的均值为 7.754，最大值为 38.296，最小值为 0.221，表明不同企业之间的风险承担能力差异较大。企业董事会召开会议次数均值为 6.166 次，最小值为 0 次，最大值为 15 次，标准差为 0.103，表明不同企业之间的董事会召开次数差异较大。

表 4.1　变量描述性统计：新增机制变量

变量	N	Mean	Sd	Min	Median	Max
RE	2530	0.058	0.037	0.010	0.047	0.148
RS	5079	7.754	7.576	0.221	5.266	38.296
BM	5148	6.166	3.035	0.000	6.000	15.000

注：计算权益资本时，根据肖珉和沈艺峰（2008）文献，需要删除小于 0.01 和大于 0.15 的样本，因此最后剩 2530 个样本点。风险承担水平和董事会召开会议由于数据库部分数据缺失，最终分别剩下 5079 和 5148 个样本点。

二、均值 T 检验

表 4.2 为新增加主要变量样本均值 T 检验的结果，其他变量均值 T 检验与第三章相同。表 4.2 结果表明，多轮次融资的企业股权平均融资成本为 0.057，小于单轮次融资企业的股权融资成本均值 0.059，且二者差异在 10% 水平上显著。多轮次融资企业的风险承担水平均值为 7.859，而单轮次融资企业风险承担水平为 7.386，二者差异在 1% 水平上显著。多轮次融资企业的董事会议召开次数均值为 7.449，而单轮次融资企业董事会召开次数均值为 5.589，二者差异在 1% 水平上显著，说明多轮次融资企业公司治理水平更高。

表 4.2　样本均值 T 检验

变量	Round = 1	Mean1	Round = 0	Mean2	MeanDiff
	(1)	(2)	(3)	(4)	(5)
RE	625	0.057	1905	0.059	−0.002*
RS	1128	7.859	3951	7.386	0.473***
BM	992	7.449	4156	5.589	1.589***

三、变量的相关性分析

表 4.3 报告了主要变量的 Pearson 相关系数及其显著性。由表 4.3 可知，各变量之间的相关系数均小于 0.4，同时各变量之间的方差膨胀因子（VIF）均小于 2，说明变量之间不存在严重的多重共线性问题。

表 4.3 显示，多轮次融资与企业价值正相关，且在 1% 水平上显著，多轮次融资与权益资本成本之间的相关系数为 -0.015，在 10% 水平上显著，权益资本成本变量与企业价值负相关，相关系数分别为 -0.057 和 -0.203，且在 1% 水平上显著。表明多轮次融资与权益资本成本呈现负相关关系，权益资本成本与企业价值之间呈现负相关关系，假设 4.1 得到了初步证实。企业风险承担水平与企业价值正相关，相关系数分为 0.093 和 0.057，且在 1% 水平上显著，多轮次融资与企业风险承担水平之间的相关系数为 0.026，且在 1% 水平上显著，因此假设 4.2 得到了初步证实。多轮次融资与企业公司治理水平之间的相关系数为 0.207，在 1% 水平上显著。企业公司治理水平与企业价值之间的相关系数为正，系数分别为 0.087 和 0.194，且在 1% 水平上显著。表明企业多轮次融资与公司治理水平假设 4.3 得到了初步证实。

表 4.3　　　　　　　　主要变量 Pearson 相关系数检验

变量	TQ	PR	MR	RE	RS	BM	Lnsize	Lev	ROA	Growth	Cash	Board
TQ	1											
PR	0.366***	1										
MR	0.117***	0.150***	1									
RE	-0.057***	-0.203***	-0.015*	1								
RS	0.093***	0.057***	0.026*	-0.060***	1							
BM	0.087***	0.194***	0.207***	-0.0250	-0.049***	1						
Lnsize	0.032**	0.171***	0.227***	0.108***	-0.344***	0.319***	1					
Lev	-0.050***	-0.100***	-0.068***	-0.085***	-0.078***	0.0210	0.223***	1				
ROA	-0.096***	0.064***	-0.041***	0.031**	-0.268***	0.052***	0.242***	-0.125***	1			
Growth	0.029**	0.043***	0.00100	-0.050***	0.053***	0.050***	-0.00900	0.00100	0.276***	1		
Cash	-0.118***	-0.024*	-0.040***	0.036**	-0.190***	-0.0120	0.189***	0.092***	0.404***	0.042***	1	
Board	0.033***	0.131***	0.103***	-0.0180	-0.045***	0.100***	0.268***	-0.045***	0.00300	-0.0200	0	1

注：*、**、*** 分别表示 $p<0.1$、$p<0.05$、$p<0.01$。

第四节 实证分析及回归结果

一、权益资本路径检验实证分析

表4.4是对权益资本机制检验的回归结果。首先，第（1）列和第（2）列检验了多轮次融资对企业价值的影响（包含行业和年度控制变量），即对模型4.5进行了中介效应第一步检验；第（3）列检验了多轮次融资对权益资本的影响，即对模型4.6进行了中介效应第二步检验；第（4）列和第（5）列包含了所有变量，并对模型4.7进行了中介效应第三步检验。

表4.4第（1）列和第（2）列表明，多轮次融资对企业价值有显著的提升作用。第（3）列回归结果表明，企业多轮次融资显著降低了企业的权益资本成本，回归系数为-0.002，且在10%水平上显著。第（4）列和第（5）列同时加入权益资本成本和企业多轮次融资变量，企业多轮次融资变量和权益资本成本变量之间依然显著负相关，多轮次融资变量与企业价值之间的回归系数分别为0.373和1.416，且在1%水平上显著。权益资本成本与企业价值之间的回归系数分别为-3.641和-6.324，且在1%水平上显著，说明存在部分中介效应，假设4.1得到了验证。

表4.4　　　　回归分析：权益资本成本机制检验

变量	TQ (1)	PR (2)	RE (3)	TQ (4)	PR (5)
MR	0.429 *** (4.987)	1.499 *** (6.085)	-0.002 * (-1.696)	0.373 *** (3.291)	1.416 *** (4.112)
RE				-3.641 *** (-3.097)	-6.324 *** (-17.523)
Lnsize	0.191 *** (5.391)	1.194 *** (12.309)	0.003 *** (3.444)	0.112 ** (2.092)	1.173 *** (7.381)
Lev	-0.306 (-1.623)	-2.290 *** (-4.911)	-0.013 *** (-2.852)	-0.746 ** (-2.541)	-2.125 ** (-2.551)

续表

变量	TQ (1)	PR (2)	RE (3)	TQ (4)	PR (5)
ROA	-1.232*** (-4.442)	1.782*** (2.612)	0.019*** (2.730)	-0.551 (-1.109)	10.556*** (8.344)
Growth	0.160** (2.500)	0.269* (1.750)	-0.003* (-1.666)	0.182 (1.597)	-0.671** (-2.516)
Cash	-0.450*** (-3.669)	-0.756*** (-2.779)	0.003 (1.016)	0.224 (1.333)	-0.171 (-0.342)
Lnage	0.027 (0.173)	-0.119 (-0.261)	-0.001 (-0.191)	-0.621*** (-2.588)	-3.265*** (-4.258)
Dual	-0.126** (-2.130)	0.507*** (2.995)	-0.001 (-0.441)	-0.170* (-1.955)	0.957*** (3.656)
Largeshare	-0.536*** (-3.165)	-1.125** (-2.300)	-0.007 (-1.530)	0.328 (1.221)	1.713** (2.050)
Board	-0.022 (-0.674)	0.425*** (4.100)	-0.001 (-1.223)	-0.019 (-0.473)	0.562*** (4.132)
SOE	-0.666*** (-8.099)	-3.251*** (-8.065)	0.021*** (3.601)	-0.686*** (-4.066)	-3.181*** (-4.059)
_cons	-2.311*** (-3.485)	-22.220*** (-11.826)	-0.009 (-0.506)	1.982* (1.734)	-12.695*** (-3.903)
Industry	Yes	Yes	Yes	Yes	Yes
Year	Yes	Yes	Yes	Yes	Yes
N	6215	6215	2530	2530	2530
F	24.351	21.027	5.612	13.696	22.741
R^2	0.107	0.113	0.096	0.089	0.276

二、风险承担路径实证分析

表4.5是对风险承担机制检验的回归结果。首先,第(1)列和第(2)列检验了多轮次融资对企业价值的影响(包含行业和年度控制变量),即对模型4.5进行了中介效应第一步检验;第(3)列检验了多轮次融资对企业

第四章 多轮次融资对创业企业价值的影响机制检验

风险承担水平的影响,即对模型 4.8 进行了中介效应第二步检验;第(4)列和第(5)列包含了所有变量,并对模型 4.9 进行了中介效应第三步检验,即检验风险承担的中介效应。

表 4.5 第(3)列回归结果表明,企业多轮次融资显著提高了企业的风险承担水平,相关系数为 0.507,且在 5% 水平上显著。第(4)列至第(5)列同时加入企业风险承担水平和多轮次融资变量,发现企业多轮次融资变量和企业风险承担水平的系数依然显著,多轮次融资变量与企业价值之间的回归系数为 0.380 和 1.123,且均在 1% 水平上显著。风险承担水平与企业价值之间的回归系数分别为 0.016 和 0.069,分别在 5% 和 1% 水平上显著,说明存在部分中介效应,假设 4.2 得到了验证。

表 4.5 　　　　　回归分析:风险承担机制检验

变量	TQ (1)	PR (2)	RS (3)	TQ (4)	PR (5)
MR	0.429 *** (4.987)	1.499 *** (6.085)	0.507 ** (2.131)	0.380 *** (4.200)	1.123 *** (4.488)
RS				0.016 ** (2.347)	0.069 *** (4.688)
Lnsize	0.191 *** (5.391)	1.194 *** (12.309)	-1.645 *** (-12.335)	0.189 *** (4.549)	1.116 *** (10.254)
Lev	-0.306 (-1.623)	-2.290 *** (-4.911)	0.152 (0.239)	-0.162 (-0.783)	-1.710 *** (-3.467)
ROA	-1.232 *** (-4.442)	1.782 *** (2.612)	-8.076 *** (-6.781)	-1.142 *** (-3.612)	2.995 *** (3.901)
Growth	0.160 ** (2.500)	0.269 * (1.750)	1.310 *** (5.852)	0.103 (1.384)	0.164 (0.976)
Cash	-0.450 *** (-3.669)	-0.756 *** (-2.779)	-1.047 *** (-2.622)	-0.333 ** (-2.482)	-0.483 * (-1.653)
Lnage	0.027 (0.173)	-0.119 (-0.261)	-2.620 *** (-4.565)	0.156 (0.871)	-1.296 ** (-2.482)
Dual	-0.126 ** (-2.130)	0.507 *** (2.995)	0.298 (1.527)	-0.158 ** (-2.401)	0.502 *** (2.715)

续表

变量	TQ (1)	PR (2)	RS (3)	TQ (4)	PR (5)
Largeshare	-0.536 *** (-3.165)	-1.125 ** (-2.300)	-0.277 (-0.488)	-0.531 *** (-2.740)	-0.730 (-1.312)
Board	-0.022 (-0.674)	0.425 *** (4.100)	0.141 (1.549)	-0.009 (-0.248)	0.545 *** (4.992)
SOE	-0.666 *** (-8.099)	-3.251 *** (-8.065)	-1.998 *** (-4.997)	-0.602 *** (-6.590)	-3.349 *** (-7.875)
_cons	-2.311 *** (-3.485)	-22.220 *** (-11.826)	38.837 *** (15.093)	-3.096 *** (-3.829)	-17.134 *** (-7.800)
Industry	Yes	Yes	Yes	Yes	Yes
Year	Yes	Yes	Yes	Yes	Yes
N	6215	6215	5079	5079	5079
F	24.351	21.027	31.858	22.411	16.111
R^2	0.107	0.113	0.215	0.063	0.112

三、公司治理路径实证分析

表4.6是对公司治理机制检验的回归结果。首先，第（1）列和第（2）列检验多轮次融资对企业价值的影响（包括行业和年度控制变量），即对模型4.5进行了中介效应第一步检验；第（3）列检验了多轮次融资对企业公司治理水平的影响，即对模型4.10进行了中介效应第二步检验；第（4）列和第（5）列包含了所有变量，并对模型4.11进行了中介效应第三步检验。

表4.6第（3）列回归结果表明，企业多轮次融资显著提升了企业的公司治理水平，多轮次融资与企业董事会召开次数之间的回归系数为0.973，且在1%水平上显著。第（4）列和第（5）列同时加入董事会召开次数和企业多轮次融资变量进行回归，发现多轮次融资与企业价值之间的回归系数分别为0.386和1.184，均在1%水平上显著。董事会召开次数与企业价值之间的回归系数分别为0.041和0.249，且均在1%水平上显著，说明存在部分中介效应，假设4.3得到了验证。

表4.6　　　　　　　　回归分析：公司治理机制检验

变量	TQ(1)	PR(2)	BM(3)	TQ(4)	PR(5)
MR	0.429*** (4.987)	1.499*** (6.085)	0.973*** (9.199)	0.386*** (3.972)	1.184*** (4.278)
BM				0.041*** (3.260)	0.249*** (6.859)
Lnsize	0.191*** (5.391)	1.194*** (12.309)	0.776*** (18.419)	0.182*** (4.647)	1.160*** (10.352)
Lev	-0.306 (-1.623)	-2.290*** (-4.911)	-0.031 (-0.162)	-0.359* (-1.668)	-2.615*** (-4.918)
ROA	-1.232*** (-4.442)	1.782*** (2.612)	0.436 (1.643)	-1.145*** (-3.794)	1.338* (1.777)
Growth	0.160** (2.500)	0.269* (1.750)	0.207*** (3.293)	0.194*** (2.663)	0.297* (1.733)
Cash	-0.450*** (-3.669)	-0.756*** (-2.779)	-0.396*** (-3.675)	-0.482*** (-3.578)	-0.792*** (-2.666)
Lnage	0.027 (0.173)	-0.119 (-0.261)	-0.710*** (-3.452)	0.033 (0.199)	0.494 (1.019)
Dual	-0.126** (-2.130)	0.507*** (2.995)	-0.053 (-0.699)	-0.121* (-1.875)	0.591*** (3.136)
Largeshare	-0.536*** (-3.165)	-1.125** (-2.300)	0.239 (1.097)	-0.475*** (-2.580)	-1.362** (-2.525)
Board	-0.022 (-0.674)	0.425*** (4.100)	0.043 (0.963)	-0.003 (-0.085)	0.269** (2.300)
SOE	-0.666*** (-8.099)	-3.251*** (-8.065)	-0.375 (-1.418)	-0.675*** (-7.207)	-3.271*** (-7.501)
_cons	-2.311*** (-3.485)	-22.220*** (-11.826)	-11.378*** (-13.589)	-2.377*** (-3.347)	-22.039*** (-10.312)
Industry	Yes	Yes	Yes	Yes	Yes
Year	Yes	Yes	Yes	Yes	Yes
N	6215	6215	5148	5148	5148
F	24.351	21.027	71.706	20.752	20.838
R²	0.107	0.113	0.267	0.072	0.129

注：董事会会议召开次数来源于CCER（色诺芬经济金融数据库），由于该数据库董事会会议次数只更新至2019年，因此2020年数据缺失，最终得到5148个观测值。

第五节 稳健性检验

一、变量替换

(一) 自变量替换

为了避免变量测量带来的缺陷,在稳健性检验部分,本书进一步使用企业当年是否发生多轮次融资作为自变量,重新对回归模型进行了检验。结果如表4.7所示,替换自变量以后,三种机制路径检验结果依然稳健。

表4.7 替换自变量回归结果

变量	RE	PR	RS	PR	BM	PR
	权益资本成本机制		风险承担机制		公司治理机制	
CMR	-0.008*** (-2.749)	0.572** (1.979)	1.489** (2.290)	1.059*** (4.044)	1.966*** (10.847)	1.557*** (6.856)
RE		-3.984*** (-3.125)				
RS				0.015** (2.311)		
BM						0.028** (2.197)
Lnsize	0.003*** (4.038)	0.134** (2.499)	-1.619*** (-12.550)	0.209*** (5.291)	0.814*** (19.877)	0.185*** (5.012)
Lev	-0.014*** (-3.157)	-0.944*** (-3.078)	0.075 (0.120)	-0.220 (-1.085)	-0.136 (-0.707)	-0.354* (-1.705)
ROA	0.017*** (2.583)	-0.744 (-1.437)	-8.241*** (-6.953)	-1.269*** (-4.092)	0.249 (0.948)	-1.199*** (-4.132)
Growth	-0.002 (-1.386)	0.234* (1.860)	1.298*** (5.851)	0.095 (1.308)	0.196*** (3.195)	0.179** (2.538)
Cash	0.002 (0.940)	0.160 (0.948)	-1.019** (-2.551)	-0.315** (-2.332)	-0.345*** (-3.228)	-0.435*** (-3.256)
Lnage	-0.000 (-0.038)	-0.489* (-1.858)	-2.425*** (-4.237)	0.300* (1.700)	-0.450** (-2.223)	0.119 (0.737)

续表

变量	RE	PR	RS	PR	BM	PR
	权益资本成本机制		风险承担机制		公司治理机制	
Dual	-0.001 (-0.577)	-0.202** (-2.216)	0.272 (1.400)	-0.177*** (-2.688)	-0.086 (-1.148)	-0.132** (-2.057)
Largeshare	-0.008* (-1.682)	0.388 (1.230)	-0.420 (-0.748)	-0.640*** (-3.324)	0.059 (0.272)	-0.500*** (-2.730)
Board	-0.001 (-1.277)	-0.013 (-0.305)	0.140 (1.537)	-0.010 (-0.272)	0.043 (0.962)	0.000 (0.010)
SOE	0.021*** (3.560)	-0.756*** (-4.322)	-2.022*** (-5.064)	-0.622*** (-6.709)	-0.408 (-1.561)	-0.665*** (-6.932)
_cons	-0.016 (-0.914)	1.422 (1.251)	37.755*** (15.011)	-3.884*** (-5.013)	-12.343*** (-15.136)	-2.580*** (-3.887)
Industry	Yes	Yes	Yes	Yes	Yes	Yes
Year	Yes	Yes	Yes	Yes	Yes	Yes
N	2530	2530	5079	5079	5148	5148
F	5.909	13.389	32.007	20.206	73.043	20.080
R^2	0.088	0.103	0.215	0.065	0.273	0.088

（二）机制变量替换

表 4.8 将权益资本成本使用 PEG 模型衡量的企业权益资本成本（REG）测量，重新代入回归模型进行检验。表 4.8 第（3）列回归结果表明，多轮次融资与权益资本变量 REG 之间的回归系数为 -0.034，且在 5% 水平上显著。第（4）列和第（5）列加上多轮次融资变量以后，权益资本成本系数显著为负，多轮次融资与企业价值之间的相关系数依然显著为正，表明替换变量之后结论依然稳健。

表 4.8　　替换机制变量：权益资本成本机制回归结果

变量	TQ (1)	PR (2)	REG (3)	TQ (4)	PR (5)
MR	0.429*** (4.987)	1.499*** (6.085)	-0.034** (-2.101)	0.116* (1.744)	0.355* (1.798)

续表

变量	TQ (1)	PR (2)	REG (3)	TQ (4)	PR (5)
REG				-0.108** (-2.383)	-0.257** (-2.327)
Lnsize	0.191*** (5.391)	1.194*** (12.309)	0.009 (1.289)	0.109 (1.256)	0.662*** (3.103)
Lev	-0.306 (-1.623)	-2.290*** (-4.911)	-0.026 (-0.796)	-0.177 (-0.412)	0.445 (0.433)
ROA	-1.232*** (-4.442)	1.782*** (2.612)	-0.033 (-0.705)	-1.258* (-1.958)	2.890** (2.063)
Growth	0.160** (2.500)	0.269* (1.750)	0.006 (0.638)	0.413** (2.543)	0.930*** (2.974)
Cash	-0.450*** (-3.669)	-0.756*** (-2.779)	-0.011 (-0.618)	-0.660*** (-2.965)	-0.921* (-1.869)
Lnage	0.027 (0.173)	-0.119 (-0.261)	-0.012 (-0.330)	-0.622 (-1.624)	-3.219*** (-3.498)
Dual	-0.126** (-2.130)	0.507*** (2.995)	-0.030** (-2.248)	-0.120 (-0.885)	0.549 (1.537)
Largeshare	-0.536*** (-3.165)	-1.125** (-2.300)	0.002 (0.050)	-0.539 (-1.247)	1.091 (0.919)
Board	-0.022 (-0.674)	0.425*** (4.100)	-0.021*** (-3.184)	0.036 (0.479)	0.728*** (3.329)
SOE	-0.666*** (-8.099)	-3.251*** (-8.065)	0.081 (1.329)	-0.698*** (-3.098)	-2.951*** (-3.618)
_cons	-2.311*** (-3.485)	-22.220*** (-11.826)	0.313** (1.993)	1.425 (0.857)	-5.400 (-1.208)
Industry	Yes	Yes	Yes	Yes	Yes
Year	Yes	Yes	Yes	Yes	Yes
N	6215	6215	1603	1603	1603
F	24.351	21.027	1.465	12.018	6.508
R^2	0.107	0.113	0.088	0.098	0.125

第四章 多轮次融资对创业企业价值的影响机制检验

表4.9参照何瑛等（2019），使用经行业调整后的极差RSM替换企业风险承担水平变量。第（3）列结果显示，多轮次融资与企业风险承担水平之间的回归系数为0.590，系数为正且均在10%水平上显著，表明多轮次融资显著提升了企业风险承担水平。第（4）列和第（5）列同时加入多轮次融资与企业风险承担变量后，多轮次融资与企业价值之间的回归系数分别为0.384和1.140，且均在1%水平上显著，风险承担水平与企业价值之间的回归系数分别为0.006和0.031，分别在10%和1%水平上显著，表明企业风险承担水平是多轮次融资与企业价值之间的中介变量，替换机制变量后结果依然稳健。

表4.9 替换机制变量：风险承担机制回归结果

变量	TQ (1)	PR (2)	RSM (3)	TQ (4)	PR (5)
MR	0.429*** (4.987)	1.499*** (6.085)	0.590* (1.739)	0.384*** (4.234)	1.140*** (4.547)
RSM				0.006* (1.693)	0.031*** (3.946)
Lnsize	0.191*** (5.391)	1.194*** (12.309)	-2.706*** (-11.577)	0.180*** (4.263)	1.086*** (9.967)
Lev	-0.306 (-1.623)	-2.290*** (-4.911)	-0.168 (-0.151)	-0.158 (-0.764)	-1.694*** (-3.421)
ROA	-1.232*** (-4.442)	1.782*** (2.612)	-12.902*** (-6.249)	-1.190*** (-3.822)	2.836*** (3.720)
Growth	0.160** (2.500)	0.269* (1.750)	2.008*** (5.162)	0.111 (1.498)	0.192 (1.141)
Cash	-0.450*** (-3.669)	-0.756*** (-2.779)	-1.362* (-1.924)	-0.341** (-2.541)	-0.514* (-1.753)
Lnage	0.027 (0.173)	-0.119 (-0.261)	-3.172*** (-3.136)	0.135 (0.755)	-1.379*** (-2.644)
Dual	-0.126** (-2.130)	0.507*** (2.995)	0.419 (1.204)	-0.155** (-2.366)	0.510*** (2.753)
Largeshare	-0.536*** (-3.165)	-1.125** (-2.300)	-0.396 (-0.388)	-0.533*** (-2.746)	-0.736 (-1.325)

续表

变量	TQ (1)	PR (2)	RSM (3)	TQ (4)	PR (5)
Board	-0.022 (-0.674)	0.425*** (4.100)	0.302* (1.903)	-0.008 (-0.238)	0.546*** (4.995)
SOE	-0.666*** (-8.099)	-3.251*** (-8.065)	-3.517*** (-5.042)	-0.612*** (-6.690)	-3.379*** (-7.947)
_cons	-2.311*** (-3.485)	-22.220*** (-11.826)	59.733*** (13.245)	-2.853*** (-3.516)	-16.299*** (-7.460)
Industry	Yes	Yes	Yes	Yes	Yes
Year	Yes	Yes	Yes	Yes	Yes
N	6215	6215	5079	5079	5079
F	24.351	21.027	26.941	22.339	15.989
R^2	0.107	0.113	0.184	0.062	0.111

表4.10使用监事会召开次数（SUPM）作为公司治理的代理变量，重新代入回归方程进行检验。表4.10第（3）列回归结果表明，企业多轮次融资显著促进了企业监事会召开频率，二者之间回归系数为0.247，且在1%水平上显著。第（4）列和第（5）列加上多轮次融资变量以后，多轮次融资与企业价值之间的回归系数分别为0.416和1.393，且均在1%水平上显著。监事会召开次数与企业价值之间的回归系数分别为0.039和0.136，且均在10%水平上显著，表明存在部分中介效应，替换变量之后结论依然稳健。

表4.10　　　　替换机制变量：公司治理机制回归结果

变量	TQ (1)	PR (2)	SUPM (3)	TQ (4)	PR (5)
MR	0.429*** (4.987)	1.499*** (6.085)	0.247*** (5.228)	0.416*** (4.301)	1.393*** (5.054)
SUPM				0.039* (1.756)	0.136* (1.767)
Lnsize	0.191*** (5.391)	1.194*** (12.309)	0.204*** (10.611)	0.206*** (5.248)	1.326*** (11.900)
Lev	-0.306 (-1.623)	-2.290*** (-4.911)	-0.442*** (-4.969)	-0.343 (-1.597)	-2.563*** (-4.786)

续表

变量	TQ(1)	PR(2)	SUPM(3)	TQ(4)	PR(5)
ROA	-1.232*** (-4.442)	1.782*** (2.612)	-0.347*** (-2.897)	-1.114*** (-3.685)	1.493** (1.970)
Growth	0.160** (2.500)	0.269* (1.750)	0.008 (0.307)	0.202*** (2.777)	0.347** (2.009)
Cash	-0.450*** (-3.669)	-0.756*** (-2.779)	-0.049 (-1.060)	-0.497*** (-3.675)	-0.884*** (-2.944)
Lnage	0.027 (0.173)	-0.119 (-0.261)	0.181* (1.950)	-0.003 (-0.019)	0.293 (0.605)
Dual	-0.126** (-2.130)	0.507*** (2.995)	-0.006 (-0.184)	-0.123* (-1.903)	0.578*** (3.061)
Largeshare	-0.536*** (-3.165)	-1.125** (-2.300)	-0.002 (-0.020)	-0.465** (-2.519)	-1.302** (-2.397)
Board	-0.022 (-0.674)	0.425*** (4.100)	0.018 (0.917)	-0.002 (-0.057)	0.277** (2.367)
SOE	-0.666*** (-8.099)	-3.251*** (-8.065)	-0.027 (-0.233)	-0.689*** (-7.472)	-3.360*** (-7.809)
_cons	-2.311*** (-3.485)	-22.220*** (-11.826)	-3.264*** (-8.511)	-2.716*** (-3.797)	-24.426*** (-11.450)
Industry	Yes	Yes	Yes	Yes	Yes
Year	Yes	Yes	Yes	Yes	Yes
N	6215	6215	5148	5148	5148
F	24.351	21.027	76.797	21.024	19.514
R^2	0.107	0.113	0.256	0.070	0.121

注：监事会会议召开次数来源于CCER（色诺芬经济金融数据库），由于该数据库监事会会议召开次数只更新至2019年，造成了2020年度部分样本缺失，最终得到5148个观测值。

二、倾向得分匹配法检验

考虑到不一定是多轮次融资提升了企业价值，有可能采取多轮次融资的公司本身与采取一次性融资的公司本身存在一些企业特征差异，从而对企业价值的影响路径存在差异。因此，采用倾向得分匹配的方法排除这种影响。

首先，在采用一次性融资的公司中筛选与多轮次融资公司企业特征相似的企业，匹配特征选择企业规模（Lnsize）、企业现金流量比率（Cash）、企业是否为高科技企业（Hightech）、企业年龄（Lnage）、企业销售增长率（Growth）、企业研发投入（RD）；其次，对筛选后的样本重新对模型4.5—模型4.11进行回归，回归结果如表4.11、表4.12和表4.13所示，结论依然稳健。

表4.11 匹配后权益资本成本机制检验回归结果

变量	TQ(1)	PR(2)	RE(31)	TQ(4)	PR(5)
MR	0.514*** (3.982)	1.507*** (3.954)	-0.001* (-1.920)	0.371** (2.510)	0.733* (1.821)
RE				-0.371* (-1.667)	-5.054*** (-9.699)
Lnsize	0.166*** (2.590)	0.958*** (4.631)	0.045*** (5.000)	0.077 (1.037)	0.673*** (3.030)
Lev	-0.260 (-0.731)	-1.866* (-1.838)	-0.224*** (-4.924)	-0.399 (-0.966)	-2.340** (-2.068)
ROA	-0.064 (-0.147)	6.291*** (3.970)	-0.254*** (-3.399)	-0.086 (-0.164)	6.012*** (3.456)
Growth	0.289** (2.198)	0.454 (1.335)	0.003 (0.234)	0.339** (2.262)	0.540 (1.537)
Cash	-0.194 (-1.009)	-0.360 (-0.669)	-0.005 (-0.177)	-0.165 (-0.753)	-0.247 (-0.411)
Lnage	-0.572* (-1.754)	-2.653*** (-2.651)	0.111** (2.499)	-1.141*** (-2.918)	-5.667*** (-5.160)
Dual	-0.280** (-2.405)	-0.020 (-0.057)	0.045*** (3.070)	-0.319** (-2.398)	0.263 (0.706)
Largeshare	-0.206 (-0.613)	0.944 (0.896)	-0.097* (-1.922)	0.121 (0.294)	3.311*** (2.803)
Board	-0.014 (-0.261)	0.734*** (3.745)	-0.029*** (-4.572)	-0.026 (-0.427)	0.711*** (3.484)
SOE	-0.257 (-1.158)	-2.081* (-1.846)	-0.059 (-1.231)	-0.079 (-0.291)	-1.394 (-1.135)

续表

变量	TQ (1)	PR (2)	RE (31)	TQ (4)	PR (5)
_cons	-0.965 (-0.704)	-17.685*** (-4.145)	-0.646*** (-3.514)	4.196** (2.452)	0.119 (0.025)
Industry	Yes	Yes	Yes	Yes	Yes
Year	Yes	Yes	Yes	Yes	Yes
N	1492	1492	706	706	706
R^2	0.112	0.158	0.108	0.128	0.232

表4.12　　匹配后风险承担机制检验回归结果

变量	TQ (1)	PR (2)	RS (3)	TQ (4)	PR (5)
MR	0.514*** (3.982)	1.507*** (3.954)	0.161* (1.723)	0.575*** (4.330)	1.391*** (3.666)
RS				0.022* (1.735)	0.092*** (2.889)
Lnsize	0.166*** (2.590)	0.958*** (4.631)	-2.053*** (-7.377)	0.130* (1.895)	0.687*** (3.328)
Lev	-0.260 (-0.731)	-1.866* (-1.838)	0.633 (0.474)	-0.016 (-0.043)	-0.745 (-0.728)
ROA	-0.064 (-0.147)	6.291*** (3.970)	-10.887*** (-4.318)	0.330 (0.723)	8.020*** (5.107)
Growth	0.289** (2.198)	0.454 (1.335)	1.796*** (4.170)	0.121 (0.915)	-0.146 (-0.471)
Cash	-0.194 (-1.009)	-0.360 (-0.669)	-1.376* (-1.671)	0.017 (0.084)	-0.148 (-0.265)
Lnage	-0.572* (-1.754)	-2.653*** (-2.651)	-1.792 (-1.677)	-0.232 (-0.703)	-3.275*** (-3.235)
Dual	-0.280** (-2.405)	-0.020 (-0.057)	0.972*** (2.678)	-0.224* (-1.858)	-0.009 (-0.024)
Largeshare	-0.206 (-0.613)	0.944 (0.896)	-0.321 (-0.283)	-0.051 (-0.139)	1.885* (1.720)

续表

变量	TQ (1)	PR (2)	RS (3)	TQ (4)	PR (5)
Board	-0.014 (-0.261)	0.734*** (3.745)	0.282* (1.770)	-0.001 (-0.023)	0.827*** (4.212)
SOE	-0.257 (-1.158)	-2.081* (-1.846)	-1.621** (-2.193)	-0.167 (-0.722)	-2.404** (-2.284)
_cons	-0.965 (-0.704)	-17.685*** (-4.145)	43.459*** (8.274)	-2.081 (-1.427)	-8.535* (-1.954)
Industry	Yes	Yes	Yes	Yes	Yes
Year	Yes	Yes	Yes	Yes	Yes
N	1492	1492	1316	1316	1316
R^2	0.112	0.158	0.288	0.115	0.163

表4.13　匹配后公司治理机制检验回归结果

变量	TQ (1)	PR (2)	BM (3)	TQ (4)	PR (5)
MR	0.514*** (3.982)	1.507*** (3.954)	0.769*** (4.429)	0.457*** (3.223)	1.303*** (3.064)
BM				0.028* (1.727)	0.170** (2.286)
Lnsize	0.166*** (2.590)	0.958*** (4.631)	0.907*** (9.834)	0.161** (2.091)	1.065*** (4.220)
Lev	-0.260 (-0.731)	-1.866* (-1.838)	-0.464 (-0.998)	-0.234 (-0.550)	-1.729 (-1.478)
ROA	-0.064 (-0.147)	6.291*** (3.970)	0.204 (0.340)	0.147 (0.287)	5.193*** (2.936)
Growth	0.289** (2.198)	0.454 (1.335)	0.260** (2.052)	0.366** (2.450)	0.545 (1.428)
Cash	-0.194 (-1.009)	-0.360 (-0.669)	-0.062 (-0.266)	-0.179 (-0.859)	-0.444 (-0.762)
Lnage	-0.572* (-1.754)	-2.653*** (-2.651)	-1.333*** (-2.884)	-0.641* (-1.800)	-1.800* (-1.666)

续表

变量	TQ (1)	PR (2)	BM (3)	TQ (4)	PR (5)
Dual	-0.280** (-2.405)	-0.020 (-0.057)	-0.162 (-1.000)	-0.203 (-1.569)	0.080 (0.205)
Largeshare	-0.206 (-0.613)	0.944 (0.896)	-0.032 (-0.064)	-0.205 (-0.557)	0.292 (0.246)
Board	-0.014 (-0.261)	0.734*** (3.745)	0.067 (0.725)	0.023 (0.377)	0.477** (2.201)
SOE	-0.257 (-1.158)	-2.081* (-1.846)	-0.621 (-0.876)	-0.248 (-0.982)	-2.087 (-1.623)
_cons	-0.965 (-0.704)	-17.685*** (-4.145)	-12.801*** (-6.039)	-1.168 (-0.749)	-19.788*** (-4.014)
Industry	Yes	Yes	Yes	Yes	Yes
Year	Yes	Yes	Yes	Yes	Yes
N	1492	1492	1226	1226	1226
R^2	0.112	0.158	0.262	0.116	0.160

第六节 本章小结

本章在第三章研究多轮次融资对创业企业价值产生影响的基础上，进一步探讨了多轮次融资对创业企业价值的影响机制路径。首先，探讨了关于多轮次融资通过降低权益资本成本提高企业价值的机制路径。其次，论述了多轮次融资通过提高企业风险承担水平影响企业价值的机制路径。最后，分析了多轮次融资通过提高公司治理水平提升企业价值的机制路径。

本章在详细分析多轮次融资对企业价值影响机制的理论基础上，提出研究假设并设计了模型，以新三板企业为样本进行实证分析。首先定义了相关变量中主要变量的测量方法，并对研究样本中的主要变量进行描述性统计。其次，对主要变量进行了均值 T 检验和 Pearson 相关性分析，对各变量之间的关系有了初步判断。在控制企业财务特征、公司治理特征和其他相关控制变量后，进行多元 OLS 回归分析。首先，对权益资本成本中介效应进行检验。回归结论表明，企业多轮次融资显著降低了权益资本成本，且企业权益资本是多轮次融资与企业价值之间的部分中介变量。其次，对企业风险承担水平进行中介效应检验。回归结果表明，多轮次融资显著提高了企业的风险承担水平，且风险承担水平是多轮次融资与企业价值之间的部分中介变量。最后，检验了公司治理的中介效应路径，发现多轮次融资可以通过提升企业公司治理水平进一步提升企业价值。

　　为了使上述结论更加稳健，本研究进行了以下稳健性检验。第一，为了解决变量测量误差，首先进行了自变量的替换。其次，对机制变量进行了替换，即对权益资本、风险承担和公司治理水平等变量进行了替换。第二，为了解决内生性变量等问题，使用倾向匹配得分法（PSM）对样本进行了处理，并使用匹配后的样本重新对样本进行回归分析。使用上述方法对模型重新进行了检验，发现结果依然稳健。总体来看，本章详细阐述了多轮次融资影响企业价值的机制路径，发现多轮次融资可以通过影响企业权益资本成本、企业风险承担和公司治理水平来影响企业价值。

第五章

不确定性、多轮次融资与创业企业价值

不确定性的概念长期以来一直是许多组织和战略理论的核心组成部分。创业企业在发展过程中会面临很多不确定性，导致了外部投资者的投资风险增加，使投资者很难估计企业项目投资成功的概率，从而造成了企业融资困难。因此，本章研究了不确定性如何影响多轮次融资与企业价值之间的关系，即检验当创业企业发展存在高度不确定性时，采取多轮次融资策略是否依然能提升企业价值。

第一节 理论分析与研究假设

一、创业企业的不确定性影响因素

Knight（1921）认为，风险是可计量的，而不确定性是不可计量的，认为不确定性赋予整个经济组织独特的企业形式。在高度不确定性的情况下，企业必须能够适应不可预见的环境变化，并且迅速地作出反应以求生存。影响创业企业发展不确定的因素有很多，内部影响因素包括企业技术创新的不确定性、创始人能力的不确定性等，外部影响因素包括顾客需求的不确定性、供应商产出的不确定性、外部环境的不确定性等，这些因素最终都会导致企业未来发展状况难以预测，引起投资者的担忧。

企业创新往往涉及一些新技术或者新的领域，技术创新失败的风险很高。创新所面临的不确定性不仅来自创新投资本身的高风险特性，还包括后期创新成果的转化和市场推广的不确定性等。由于创业企业研发项目结果的不确定性，银行等传统金融机构对企业贷款有诸多限制，即使这些金融机构愿意为企业提供资金，也会要求较高的风险补偿。因此，当创新失败风险很高时，可能会造成企业创新动机不足，创业企业可能更倾向于模仿而不是自己开发新产品和新技术。DiMaggio 和 Powell（1983）指出，不确定性会影响组织之间的模仿行为，即组织间个体的行为会受到组织间其他成员的影响。因此，当组织面临较高风险时，可能会倾向于模仿其他成功组织的行动，以制度的规则来代替技术的规则。Haunschild 和 Miner（2014）研究发现，当不确定性较高时，企业更倾向于模仿其他企业的决策，尤其是行业内成功企业的决策，从而提高企业生存的可能性。李佳宁和钟田丽（2020）指出，如果行业竞争环境很激烈,外部环境的快速变化会迫使企业改变原有的经营模式,企业原来的竞争力可能不再有效,行业对手的快速发展会导致企业竞争优势逐渐消失。尤其是高科技行业,由于技术溢出具有外部性,同时具有不完全排他性和竞争性,很难阻止竞争对手去模仿,会加剧行业竞争,从而降低了由于技术创新带来的企业竞争力。

外部环境的不确定性也会加剧企业经营的不确定性。在不确定的环境中,波动的市场环境和不准确的信息使企业高管难以作出正确的决策。因此,在高不确定性情境下,企业高管进行融资决策时,将更多地依赖其固有的个人经验和认知偏见,以解决行业竞争环境不可预测性的问题。若管理者的经验不足,再加上信息缺失的问题,可能会导致管理层决策失败的风险大大增加(牛建波和赵静,2012)。此外,环境不确定性也强化了高管固有的风险规避动机,不利于企业价值提升。林钟高等(2015)研究发现,不确定性增加了企业的资本成本,因而会改变企业的经营策略。随着环境不确定性程度的增加,企业多元化经营程度呈现先升后降的趋势。尤其是在不确定性环境下,审计师会给予不确定性程度高的企业较高的风险评级,出具审计意见时会更为谨慎,给予非标审计意见的可能性加大(Lennox,2000)。如果审计师向外界传递出公司未来经营不确定性的信息,外部利益相关者自然会要求更高的风险回报作为补偿,企业资本成本也随之变高,企业融资更为困难。

二、不确定性情境下的创业企业多轮次融资与企业价值

Coase(1937)指出,企业的存在本身就伴随着不确定性。投资者对企业进行投资时并不能准确预估企业未来的发展状况,由于企业成长过程中可能会受到各种不确定性因素的冲击,而这种不确定性程度越高,投资风险越高,投资者对企业要求的回报率越高,企业融资愈发困难。而创业企业多为高科技企业,具有资金投入多、产品开发周期长、知识传播速度快等特征。因而创业企业的成长相比一般企业不确定性更高,而这种高不确定性会阻碍投资者的投资意愿。影响投资者评估企业未来发展不确定性的因素有很多,如企业的业绩波动、企业研发支出、企业年龄、企业是否为高科技行业、企业现金流等(申慧慧,2010;Hall 和 MacGarvie,2010;Hertzel 等,2012;Blomkvist

等，2020）。

大量文献表明，不确定性会导致创业企业融资困难。因为外部投资者对高不确定性企业的缺乏投资的积极性，且会要求较高的风险溢价补偿，导致了企业从外部资本市场的融资成本大大提高。不确定性使投资者在获取企业项目信息和评估项目发展状况变得困难。Daley 和 Green（2012）认为，关于资产质量的信息并不影响买卖双方的交易收益，而只影响买方的信念。然而，在金融市场上，有关资产的信息往往以这些资产产生的现金流的形式出现。高于预期的现金流传达了企业的低不确定性，传递出企业运营状况良好的积极信号，因此降低了企业的融资约束。Xie（2009）使用了美国制造业企业1973—2002年的数据，检验企业投资决策与企业不确定性之间的关系。研究表明，面对不确定性增加的企业，在控制投资机会和资金可用性后，显著降低了投资支出。外部资本市场的投资者面对高不确定性的企业，其投资积极性降低，同时会要求较高的风险溢价补偿，加剧了企业的融资难度。此外，高不确定性企业更加需要资金支持，以应对不确定性因素所带来的破产风险。申慧慧（2010）研究发现，企业盈余会随着不确定性的增加而产生剧烈的波动，企业股价也会随之波动，因而不确定性的增加会对企业价值产生负面影响。进一步研究发现，这种高波动性增加了管理层使用盈余管理行为的动机，而当投资者预期到管理层机会主义行为时，会降低投资意愿，企业融资愈发困难。

创业企业降低不确定影响的手段之一就是采取多轮次融资策略，即通过分轮次融资方式获得所需资金，使投资者在企业发展不同阶段中看到企业的成长，以期降低不确定性的影响。传统理论认为，投资是一种要么现在就做，要么永远不做的决定（Myers 和 Majluf，1984）。然而，不确定性下不可逆投资理论强调，推迟投资决策，以等待更多与项目相关的信息，可能是有利可图的（Daley 和 Green，2012）。若投资者有机会进行投资，但对影响企业项目盈利能力的关键变量的未来发展不确定，投资者可能决定等待更多相关信息，采取阶段性投资策略或推迟投资策略。这种不可逆性通过等待不久的将来披露的新信息从而创造了期权价值。企业面临的不确定性程度越高，企业的期权等待价值越大。若企业通过多轮次方式募集资金，即将融资计划中所需资金分轮次安排在企业发展的关键节点进行融资，如销售目标达成、新产品的开发取得进展、获得重要客户或市场占有率大幅提高等，则会大幅降低投资者对企业发展不确定性的担忧，增加了投资者的投资意愿。

Bernanke（1983）证明了当企业经营不确定性较高时，企业可以推迟投资。Leahy 和 Whited（1995）使用了美国制造业公司为研究对象，检验了不确定性与投资之间的经验关系，其中不确定性是使用企业股权回报的波动性来衡量的。研究发现，不确定性对投资显著的负面影响是由公司层面的不确定性因素引起的，而不是由系统性风险带来的。由于企业交易环境的快速变动以及不可预测性，导致交易结果与投资者原先的预期可能有所差异，使企业家与投资者在拟定合约时需要将未来的不确定性及复杂性纳入考量，最终引起了交易过程的协议成本及困难度提升。Glover 和 Levine（2015）建立了一个新古典主义的公司投资模型，并在模型中嵌入了管理者和外部股东之间的代理冲突，预测了企业特有的不确定性和投资决策之间的关系，发现管理层的投资决策会根据企业不确定性的增加而改变。而管理者如何在不确定性情境下做出对企业有利的融资计划，如何在企业发展的关键时点进行融资，往往关系到企业项目研发和战略规划的成败，进一步影响了企业价值。

因此，当创业企业不确定性较高时，高质量的企业为了使自己的资产得到一个合理的估值价格，往往会采取阶段性多轮次融资策略，以便投资者可以观察到企业的"质量"信息，从而在后续融资中以较为合理的价格发行股票融资，降低融资成本。尽管风险投资通常侧重于具有高增长潜力的项目，但在很多情况下，这些项目风险很大，并且创业团队的管理能力也未经考验。因此，随着时间的推移，通过定期的信息更新了解创业公司的当前状态和未来运行轨迹对投资者来说至关重要。依据期权理论，随着时间的推移，期权不确定性趋于降低，期权预期逐渐清晰。因此，企业采取多轮次融资方式，在不同时期进行融资，可以向外部投资者展示关于初创企业项目计划可行性或创业团队质量的新信息，以便使参与初创企业的各方投资者能够作出明智的决策。换言之，多轮次融资体现了实物期权价值。

Gompers（1995）研究发现具有高账面市值比、高无形资产比例和高研发投入的企业不确定性较高，风险资本对高不确定性企业的监督会更加频繁。Berger 和 Udell（1998）指出，企业的信息透明度随着时间的推移而提高。也就是说，随着企业信息披露的增加，投资者可以逐渐认清企业的发展前景。Daley 和 Green（2012）认为在一个动态的市场里，卖方希望出售一项不可分割且质量不可观察的资产,买方则观察"消息",即有关资产质量的信号。随着消息的不断传出,市场对资产质量的看法也会持续更新,最终会进行出售。Hertzel 等(2012)研究表明,拥有更多无形资产和在研发投入较高的公司,往往会采取阶段性融资策略。企业在 IPO 时募集资金较少,而 IPO 之后两年内企业会迅速进行第二轮融资。Blomkvist 等(2020)使用了企业研发支出、企业年龄和企业是否为高科技行业等特征构造了企业不确定性指数 PCA,研究了企业不确定性对企业融资行为的影响。研究表明,不确定性指数 PCA 较高的企业会进行阶段性融资策略,企业首轮融资时募集资金额度较小,但随着企业的发展潜力得到了投资者认可和揭示,企业很快会进行后续融资。因此,创业企业不确定性程度越高,采取多轮次融资策略效果可能越好。基于此,本章提出假设 5.1。

假设 5.1：创业企业不确定性程度越高,越能增强多轮次融资对企业价值的正向影响。

第二节 研究设计

一、研究样本与数据来源

本章与第三章使用相同的数据样本,即使用 2014—2019 年在新三板挂牌的企业作为研究样本,研究期间覆盖 2014—2020 年,但不包括如下样本：(1)剔除金融行业的样本(包括银行、证券、保险及其他金融类企业),因为金融类企业财务准则与其他行业企业不同,数据波动性较大；(2)剔除 ST 类样本；(3)剔除挂牌以后未发生过融资的样本,因为本书旨在对比当企业决定融资时是采取多轮次融资策略还是一次性融资策略；(4)剔除基本财务数据和企业价值相关数据缺失样本,最终得到本章样本。本章中企业股权融资数据来源于 Wind 数据库新三板专题统计数据库,缺失的融资数据手工采集于企业股票发行方案等公司公告,财务数据来源于 Wind 数据库和国泰安(CSMAR)数据库,为了克服极端值影响,本书对连续变量前后各 1% 进行了 Winsorize 缩尾处理。

二、主要变量

（一）因变量

本章因变量是企业价值。参考已有的文献（Lang 等，1994；Zhu 等，2016；高磊等，2020），企业价值（TQ）使用 Tobin's Q 来衡量，即股权和债权市场价值总和占股权和债权账面价值总和之比。为了避免变量测量带来的缺陷，参照郭照蕊和黄俊（2020）文献，使用年末股票收盘价（PR）作为企业价值的替代变量。

（二）自变量

企业是否发生多轮次融资（MR）：参照黄福广等（2019）文献，若企业当年发生过两轮及以上的股权融资事件即可认为企业当年发生过多轮次融资，鉴于企业多轮次融资对企业价值具有持续性影响，因此将多轮次融资虚拟变量定义为从企业发生多轮次融资的年份起，该变量取值为1，否则为0。例如，若企业2017年发生过多轮次融资，则企业2017年至2020年均取值为1。为了避免变量测量带来的缺陷，本书也使用了替换变量，即当年是否发生多轮次融资（CMR）作为稳健性检验，若企业当年发生过两轮及以上的股权融资事件，则当年取值为1，否则为0。例如，若企业只有2017年发生过多轮次融资，则2017年取值为1，2018年至2020年取值为0。企业不确定性（PNUN）：参照申慧慧等（2010）文献，用企业过去5年销售收入对时间进行回归，所得残差除以企业过去5年销售收入的均值得到未经行业调整的不确定性。最后使用未经行业调整的不确定性除以同年度同行业所有企业的不确定性中位数得到了各个企业经行业调整后的不确定性值。

（三）控制变量

1. 公司财务状况变量

公司财务状况变量包括资产负债率（Lev）、总资产报酬率（ROA）、企业销售增长率（Growth）和现金流量比率（Cash）。资产负债率（Lev）使用企业当年年末负债总额除以企业当年年末资产总计来衡量（郭玥，2018）。

企业总资产报酬率（ROA）采用企业当年净利润除以企业当年年末总资产来测量（沈毅等，2019）。企业销售增长率（Growth）使用企业本年度营业收入和上年度营业收入之差除以上年度营业收入来衡量（黄福广和王建业，2019）。企业资产现金流量比率（Cash）使用经营活动现金流量净额除以营业收入来衡量（黄福广等，2019）。

2. 公司治理变量

公司治理变量包括第一大股东持股比例（Largeshare）、董事会规模（Board）和两职合一（Dual）。

3. 其他影响企业价值的变量

其他影响企业价值的变量包括企业规模（Lnsize）、企业年龄（Lnage）和企业产权性质（SOE）。企业规模（Lnsize），使用企业年末资产的自然对数测量。企业年龄（Lnage）使用样本年份与企业成立年份的差值取自然对数（高磊等，2020）。企业产权性质（SOE），如果企业的实际控制人是国企取值1，否则取值0（温军和冯根福，2018）。

三、实证模型

根据理论分析和研究假设，为了检验不确定性对多轮次融资与企业价值之间的调节作用，构建如下多元回归模型：

$$Q_{i,t} = \alpha_0 + \alpha_1 MR_{i,t} + \alpha_2 PNUN_{i,t} + \alpha_3 MR_{i,t} \times PNUN_{i,t} + \gamma Controls + \varepsilon_{i,t} \quad (5.1)$$

模型5.1检验了不确定性的调节作用。其中，$Q_{i,t}$代表企业价值，分别用TQ和PR表示；$MR_{i,t}$代表多轮次融资虚拟变量；$PNUN_{i,t}$代表企业不确定性；Controls代表控制变量，包括企业规模、企业负债率、企业总资产报酬率、现金流量比、企业年龄、企业产权性质、是否两职合一、第一大股东持股比例、董事会规模、企业销售增长率以及年度和行业控制变量；$\varepsilon_{i,t}$为随机误差项。

第三节 描述性统计分析

表5.1 Panel A 为新增加主要变量描述性统计，其他变量描述性统计与第

三章相同。由表 5.1 可知企业不确定性的最大值为 22.731，最小值为 0.127，均值为 2.140，中位数为 1.121，平均值大于中位数，样本企业的不确定性呈现右偏分布，且不同企业之间的不确定性差异较大。

表 5.1 Panel B 报告了主要变量的 Pearson 相关系数及其显著性。结果表明，各变量之间的相关系数均小于 0.3，同时各变量之间的方差膨胀因子（VIF）均小于 2（限于篇幅，未在此列示），说明变量之间不存在严重的多重共线性问题。Pearson 相关系数结果显示，企业不确定性与企业价值负相关但不显著。多轮次融资与企业不确定性之间的相关系数为 0.067，且在 1% 水平上显著，表明创业企业不确定性越高，越倾向于采取多轮次融资策略。

表 5.1　变量描述性统计：新增不确定性变量和主要变量间相关系数

Panel A 描述性统计					
变量符号	案例数	均值	中位数	标准差	最大值	最小值
PNUN	4423	2.140	1.121	3.324	22.731	0.127

Panel B 主要变量间 Pearson 相关系数							
	TQ	PR	MR	Lnsize	Lev	ROA	Growth	Board
PNUN	−0.010	−0.040	0.067***	0.382***	0.070***	0.007	0.032	0.033***

第四节　实证分析及回归结果

表 5.2 第（1）列和第（2）列是对多轮次融资与企业价值影响的检验。第（3）列和第（4）列是加入了不确定性和多轮次融资与不确定性的交互项回归检验。在第（3）列和第（4）列的回归结果中，加入交乘项之后，多轮次融资与企业价值之间的回归系数显著正相关（估计系数分别为 0.377 和 0.960，t 值分别为 3.910 和 3.770）。交乘项 MR×PNUN 与企业价值之间的回归系数分别为 0.052 和 0.203，且均在 5% 水平上显著。结果表明，不确定性程度越高，越能增强多轮次融资对企业价值的提升作用，假设 5.1 得到了验证。为了更直观地展示多轮次融资、环境不确定性与企业价值之间的关系，绘制了简单的调节效应图。由图 5.1 和图 5.2 也可知，相较于低不确定性的

第五章 不确定性、多轮次融资与创业企业价值

企业，高不确定性的企业采用多轮次融资的方式，企业价值更高。

表 5.2　不确性、多轮次融资与创业企业价值回归结果

变量	TQ (1)	PR (2)	TQ (3)	PR (4)
MR	0.429*** (4.987)	1.499*** (6.085)	0.377*** (3.910)	0.960*** (3.770)
PNUN			−0.045** (−2.050)	−0.156** (−2.395)
MR × PNUN			0.052** (1.984)	0.203** (2.071)
Lnsize	0.191*** (5.391)	1.194*** (12.309)	0.182*** (3.786)	0.982*** (8.381)
Lev	−0.306 (−1.623)	−2.290*** (−4.911)	−0.120 (−0.531)	−1.087** (−2.146)
ROA	−1.232*** (−4.442)	1.782*** (2.612)	−1.533*** (−4.190)	2.265*** (2.844)
Growth	0.160** (2.500)	0.269* (1.750)	0.106 (1.327)	0.076 (0.449)
Cash	−0.450*** (−3.669)	−0.756*** (−2.779)	−0.350** (−2.377)	−0.483 (−1.556)
Lnage	0.027 (0.173)	−0.119 (−0.261)	−0.031 (−0.150)	−2.019*** (−3.506)
Dual	0.126** (2.130)	0.507*** (2.995)	−0.152** (−2.115)	0.440** (2.267)
Largeshare	−0.536*** (−3.165)	−1.125** (−2.300)	−0.540** (−2.523)	−0.483 (−0.820)
Board	−0.022 (−0.674)	0.425*** (4.100)	−0.002 (−0.058)	0.564*** (4.946)
SOE	−0.666*** (−8.099)	−3.251*** (−8.065)	−0.674*** (−6.911)	−3.370*** (−7.505)
Industry	Yes	Yes	Yes	Yes
Year	Yes	Yes	Yes	Yes

续表

变量	TQ (1)	PR (2)	TQ (3)	PR (4)
N	6215	6215	4423	4423
F	24.351	21.027	19.226	12.032
R^2	0.107	0.113	0.106	0.104

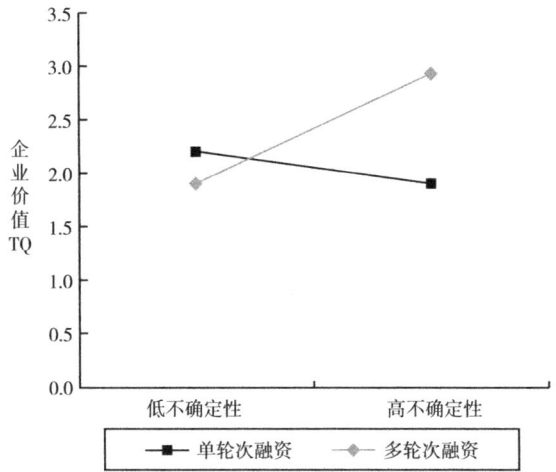

图 5.1　多轮次融资与不确定性的交互效应 a

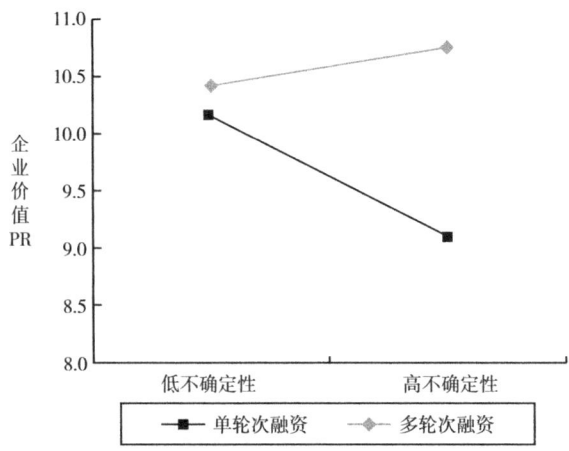

图 5.2　多轮次融资与不确定性的交互效应 b

第五节 进一步分析

一、信息不对称效应的检验

MM 理论认为，在完美的市场条件下，企业的投融资决策不相关，因为企业能够以市场均衡的资金成本获得外源融资。因此，企业做投资决策时仅需考虑项目未来的收益情况而不受融资约束影响。然而，在现实生活中，并不存在完美的资本市场，企业的投资决策往往会受到融资约束的影响。一般来说，与投资人相比，企业家往往更具有信息优势，因此外部投资者与企业家之间的信息不对称程度将会显著影响其外源融资成本（Myers，1984）。

信息不对称的产生原因是委托方与代理方的利益冲突。代理人（股东）认为委托方（管理层）经常采取多种方式谋求私利，比如利用其控制权自定薪酬（陈佳声，2014）、发布利好公告信息来减持股票（甘丽凝等，2019）、为建设"商业帝国"产生过度投资行为等（罗付岩，2019）。对于投资者来说，他们投资企业前需要了解公司商业运作模式、管理战略以及企业创造价值的过程。然而由于创业企业无形资产的价值很难被评估，可追溯的业绩时间较短，可供投资者参照的信息较少，因此创业者被认为是具有信息优势的一方。投资者普遍认为创业者更了解企业的真实质量，而投资者没有能力确定任何关于创业企业真实质量的具体情况。因此，质量较高的初创企业也可能得不到外源融资。

创业企业可以通过多轮次融资手段缓解信息不对称现象。首先，基于信号理论，无论企业是向内部核心员工和高管进行融资，还是对外向风险资本进行融资，都向投资者传达出了企业发展前景良好的信号。苏坤（2015）认为，管理层持股比例越高，外部投资者会认为管理层侵占企业资源和股东利益的可能性越低，因此管理层认购传递了积极的信号。Davila 等（2003）认为风险资本家的投资行为也具有信号作用，可以产生声誉效应，从而缓解信息不对称，潜在投资者可以通过观察哪些企业获得了风投的青睐，从而作出投资决策。Hoenen 等（2014）研究发现，对于年轻的创业企业而言，其从信号中获得的好处要比成熟企业多得多。其次,信息不对称程度也会随着时间的推移而降低。在每一轮融资中,投资者都会收到创业公司进展和质量的最新信息,降低了信息不对称程度。Chemmanur 和 Chen(2008)提出了一个理论模型,分析了风险投资家和创业公司之间的契约动态。在他们的模型中,企业家比潜在的金融家拥有更多的关于企业的信息。然而,随着时间的推移,风险资本对创业公司有更多的了解,从而降低了融资关系中的代理风险,此时风险资本家会选择与企业家一起努力来增加企业价值。也就是说,均衡风险投资契约通过确保企业家和风险投资者都尽最大努力来实现价值增值最大化。Koenig 和 Tennert(2022)认为风险资本实际上是在融资过程中从信息更新中学习,并将信息的内容和信息的特殊性纳入其估值过程,更具体的信息和积极的信号在统计上与更高的估值相关。此外,研究结果证实,当信息不对称程度较高时,新信息对估值的影响更大。最后,风险资本会通过参与企业公司治理提高企业信息披露水平,进一步缓解信息不对称程度。Del Caudio 等(2020)认为,风投为了维护自己的声誉,会强迫企业在年报中披露更多的信息,因此有风投支持的企业年报比没有风投支持的企业年报可读性强得多。

基于此,本书进一步检验了信息不对称在多轮次融资与企业价值之间的作用。本书使用机构投资者持股比例(INS)、企业审计师质量(Audit),即企业审计机构是否是四大会计师事务所作为信息不对称程度的代理变量,分别与企业多轮次融资变量进行交乘,检验了信息不对称程度的高低对于多轮次融资与企业价值之间关系的影响,回归结果如表5.3所示。由表5.3回归结果可知,交乘项 INS×MR(估计系数分别为 -0.678 和 0.383,t = -1.609 和 0.416);交乘项 Audit×MR(估计系数分别为 -0.230 和 2.961,t = -0.179 和 0.517),所有交乘项的系数均不显著。上述结论说明信息不对称程度的高低并不影响多轮次融资与企业价值之间的关系。产生这一结论可能的原因是,对于创业企业而言,创业企业为了提高融资成功的概率会尽可能地披露更全面的信息,因此信息不对称问题并不严重。此外,创业企业成立时间较短,创始人往往就是企业高管,即大股东和企业决策者两职合一,代理问题可能也不严重,在职消费的可能性较低,因为创始人做决策时往往是基于企业未来发展考虑的,因此企业采取多轮次融资的方式对缓解信息不对称作用较小。

表 5.3　信息不对称、多轮次融资与创业企业价值回归结果

变量	TQ (1)	PR (2)	TQ (3)	PR (4)
MR	0.885*** (3.841)	1.254*** (2.920)	0.634*** (3.559)	1.377*** (5.144)
INS	0.700*** (4.530)	1.305*** (3.731)		
INS×MR	−0.678 (−1.609)	0.383 (0.416)		
Audit			2.099*** (3.280)	1.885 (0.683)
Audit×MR			−0.230 (−0.179)	2.961 (0.517)
Lnsize	0.053 (0.816)	1.219*** (10.236)	0.072 (1.094)	1.269*** (10.792)
Lev	0.594 (1.311)	−2.257*** (−4.365)	0.557 (1.225)	−2.348*** (−4.541)
ROA	−0.920* (−1.946)	2.273*** (2.702)	−1.004** (−2.108)	2.076** (2.461)
Growth	0.188** (2.109)	0.248 (1.438)	0.188** (2.103)	0.255 (1.480)
Cash	−0.661*** (−3.754)	−0.747** (−2.139)	−0.668*** (−3.818)	−0.782** (−2.231)
Lnage	0.108 (0.539)	−0.224 (−0.426)	0.096 (0.478)	−0.263 (−0.498)
Dual	0.003 (0.042)	0.554*** (2.820)	−0.012 (−0.147)	0.532*** (2.724)
Largeshare	−0.762*** (−3.435)	−1.431** (−2.580)	−0.752*** (−3.393)	−1.359** (−2.436)
Board	−0.052 (−1.429)	0.396*** (3.218)	−0.048 (−1.307)	0.406*** (3.299)
SOE	−0.950*** (−7.475)	−3.959*** (−9.201)	−0.724*** (−6.372)	−3.516*** (−8.315)

续表

变量	TQ (1)	PR (2)	TQ (3)	PR (4)
_cons	-0.400 (-0.391)	-22.662*** (-10.549)	-0.581 (-0.564)	-23.269*** (-10.975)
Industry	Yes	Yes	Yes	Yes
Year	Yes	Yes	Yes	Yes
N	6215	6215	6215	6215
F	19.636	17.843	20.615	16.603
R^2	0.107	0.101	0.105	0.099

二、产权性质的分组检验

企业产权性质不同，投资者对企业发展不确定性的感知也会存在差异。国有企业相比于民营企业，其政治关联性更强，更容易获得资源。尤其是中国的市场经济体制尚未完善，政府官员往往掌握着大量的稀缺资源，他们享有一定的自由裁量权，可以决定"补助对象"（谭劲松等，2012）。Lerner（2000）对美国的上市公司进行实证分析，发现有政治关联的企业，还会同时获得政府声誉等隐性资源，因此投资者会更加信任政府支持的企业。申慧慧等（2012）研究发现，不确定性会使审计师发表更多的非标准审计意见。在不确定性情境下，审计师会对民营企业收取较高的审计费用而对国有企业收取较低的审计费用。国有企业由于有政府的庇佑，因此受到不确定性程度影响较小。顾夏铭等（2018）认为当外部环境发生变化时，国有企业由于其垄断属性，对外部风险敏感程度较低，而民营企业面对外部环境发生变化时，只有不断提高资源配置效率，才能提高其市场竞争力。当国有企业承担起政府责任时，还会获得财政补贴或税收优惠等政策红利，最终降低债务违约的风险。国有银行在我国银行体系中占据主导地位。因此，基于政府的偏好，这些银行更有可能以低息贷款给国有企业，而通过对民营企业施加高利率来获利。纪洋等（2018）指出国有企业有更多的政府隐性担保福利，即相比民营企业，更容易获得内部信息，从而缓解了经济政策不确定性的冲击。因此，民营企业的不确定性程度相比国有企业更高。本章根据企业的产权性质，将

第五章 不确定性、多轮次融资与创业企业价值

全样本企业分为国有企业和民营企业两组,检验了企业在不同产权性质下,多轮次融资对企业价值的影响是否存在差异。

由表5.4第(1)列和第(2)列可知,在国有企业中,多轮次融资与企业价值之间的回归系数均不显著,表明国有企业采取多轮次融资对企业价值提升没有明显下过。第(3)列至第(4)列结果表明,在民营企业组中,多轮次融资回归系数分别为0.431和1.520,且分别在1%水平上显著。结果表明,相比于国有企业,民营企业采取多轮次融资策略对企业价值提升的作用更显著,进一步支持了本章假设。

表5.4 基于产权性质的分组检验

变量	TQ	PR	TQ	PR
	国有		民营	
	(1)	(2)	(3)	(4)
MR	0.199 (0.902)	−1.153 (−1.063)	0.431*** (4.905)	1.520*** (6.074)
Lnsize	0.125* (1.741)	1.824*** (3.803)	0.192*** (5.297)	1.199*** (12.129)
Lev	−0.240 (−0.705)	−2.485 (−1.310)	−0.307 (−1.577)	−2.294*** (−4.787)
ROA	−1.012 (−1.183)	15.017** (1.980)	−1.221*** (−4.338)	1.681** (2.434)
Growth	−0.126 (−1.100)	−0.799 (−1.613)	0.164** (2.514)	0.291* (1.867)
Cash	−0.051 (−0.210)	−0.114 (−0.120)	−0.451*** (−3.619)	−0.740*** (−2.677)
Lnage	−0.766** (−2.579)	−2.724 (−1.178)	0.024 (0.149)	−0.043 (−0.092)
Dual	0.448** (2.434)	0.947 (0.703)	−0.136** (−2.244)	0.528*** (3.072)
Largeshare	−0.634 (−1.630)	−7.421*** (−3.153)	−0.527*** (−3.015)	−1.024** (−2.048)
Board	0.097 (1.539)	2.016*** (4.606)	−0.023 (−0.678)	0.383*** (3.605)

续表

变量	TQ	PR	TQ	PR
	国有		民营	
	（1）	（2）	（3）	（4）
Industry	Yes	Yes	Yes	Yes
Year	Yes	Yes	Yes	Yes
N	150	150	6065	6065
F	5.273	4.044	24.652	20.124
R^2	0.368	0.493	0.065	0.109

三、不同研发投入的分组检验

创业企业作为创新的微观主体，其创新能力是国家创新战略是否能够成功的重要决定因素。技术创新可以帮助企业开拓新产品市场，降低企业的边际生产成本，产生规模效益，提高生产效率，进而提高企业价值（袁德利等，2017）。然而，目前高科技企业创新产品的生命周期越来越短，技术复杂度日趋升高，企业进行技术创新失败的风险较高。此外，创新投资不同于一般有形资产的资本支出，是一种对长期无形资产的特殊投资，其投资周期往往较长，且创新所面临的不确定性不仅来自创新投资本身的特性，还包括后期创新成果的转化和市场推广的不确定性等（Bhattacharya，2018）。因此，高研发投入企业面临的不确定性要高于低研发投入企业面临的不确定性。基于此，依据年度和行业研发投入中位数，把样本划分成高研发投入组和低研发投入组重新进行了检验。

表5.5报告了实证结果，由第（1）列和第（2）列可知，在高研发投入组中，多轮次融资回归系数分别为0.394和1.341，且均在1%水平上显著。第（3）列和第（4）列显示，在低研发投入组中，多轮次融资回归系数分别为0.457和1.550，且均在1%水平上显著。因此，无论高研发组，还是低研发组，多轮次融资对企业价值均有显著的提升作用。回归结论并没有进一步支持本章假设，可能的原因是企业发展不确定性受很多因素影响，仅用研发投入高低作为企业不确定性程度的代理变量略显片面。

表 5.5　　基于企业研发投入的分组检验

变量	TQ	PR	TQ	PR
	高研发投入		低研发投入	
	(1)	(2)	(3)	(4)
MR	0.394*** (3.071)	1.341*** (3.920)	0.457*** (3.901)	1.550*** (4.393)
Lnsize	0.297*** (4.828)	1.340*** (8.411)	0.130*** (2.983)	1.233*** (9.931)
Lev	-0.173 (-0.610)	-1.169 (-1.608)	-0.288 (-1.176)	-3.033*** (-5.131)
ROA	-1.322*** (-3.470)	0.472 (0.508)	-1.025** (-2.483)	3.555*** (3.534)
Growth	0.285*** (2.727)	0.529** (2.306)	0.074 (0.935)	0.114 (0.539)
Cash	-0.607*** (-3.812)	-0.667** (-1.962)	-0.113 (-0.626)	-0.490 (-1.025)
Lnage	0.291 (1.118)	1.382** (2.075)	-0.260 (-1.498)	-1.640*** (-2.630)
Dual	-0.201** (-2.144)	-0.089 (-0.346)	-0.079 (-1.059)	0.930*** (4.152)
Largeshare	-0.102 (-0.343)	0.060 (0.073)	-0.795*** (-4.235)	-1.498** (-2.538)
Board	-0.021 (-0.395)	0.795*** (4.831)	-0.030 (-0.746)	0.033 (0.267)
SOE	-0.701*** (-4.784)	-2.859*** (-3.769)	-0.613*** (-5.566)	-3.812*** (-7.950)
Industry	Yes	Yes	Yes	Yes
Year	Yes	Yes	Yes	Yes
N	2154	2154	2269	2269
F	11.380	9.094	17.601	8.872
R^2	0.084	0.125	0.075	0.123

第六节 稳健性检验

一、替换变量

为了避免变量测量带来的缺陷,在稳健性检验部分,本书进一步使用企业当年是否发生多轮次融资作为自变量,重新对回归模型进行了检验。结果如表5.6所示,第(1)列和第(2)列检验了多轮次融资对企业价值的影响,第(3)列和第(4)列结果表明,加入了交乘项之后,多轮次融资与企业价值之间的回归系数分别为1.345和3.836,且均在1%水平上显著。多轮次融资与不确定性交乘项系数分别为0.196和0.305,系数为正且分别在5%和10%水平上显著,表明了不确定性程度越高,多轮次融资对企业价值提升的作用越高,结果依然稳健。

表5.6　　　　　　　　稳健性检验:替换自变量

变量	TQ(1)	PR(2)	TQ(3)	PR(4)
CMR	1.641*** (7.415)	6.935*** (10.800)	1.345*** (3.651)	3.836*** (4.207)
PNUN			-0.043** (-2.180)	-0.114** (-2.127)
CMR×PNUN			0.196** (2.017)	0.305* (1.816)
Lnsize	0.190*** (5.652)	1.160*** (12.674)	0.209*** (4.515)	1.042*** (9.226)
Lev	-0.314* (-1.715)	-2.259*** (-4.992)	-0.181 (-0.826)	-1.211** (-2.397)
ROA	-1.300*** (-4.870)	1.571** (2.410)	-1.655*** (-4.646)	1.941** (2.469)
Growth	0.144** (2.322)	0.192 (1.315)	0.102 (1.294)	0.063 (0.377)

续表

变量	TQ (1)	PR (2)	TQ (3)	PR (4)
Cash	-0.404*** (-3.316)	-0.551** (-2.021)	-0.343** (-2.337)	-0.440 (-1.401)
Lnage	0.138 (0.909)	0.250 (0.566)	0.136 (0.669)	-1.524*** (-2.695)
Dual	-0.140** (-2.369)	0.464*** (2.792)	-0.157** (-2.188)	0.427** (2.190)
Largeshare	-0.582*** (-3.461)	-1.221** (-2.563)	-0.670*** (-3.151)	-0.832 (-1.438)
Board	-0.016 (-0.502)	0.449*** (4.369)	0.001 (0.018)	0.574*** (5.003)
SOE	-0.659*** (-7.831)	-3.191*** (-7.851)	-0.693*** (-6.966)	-3.425*** (-7.724)
Industry	Yes	Yes	Yes	Yes
Year	Yes	Yes	Yes	Yes
N	6215	6215	4423	4423
F	22.575	23.824	18.038	11.908
R^2	0.181	0.147	0.073	0.107

二、分位数回归

为保证结果的稳健性,本节使用分位数回归模型对企业价值的中位数进行回归来检验不确定性的调节作用,结果如表5.7所示。结果表明,不确定性回归系数分别为-0.018和-0.055,且均在5%水平上显著。多轮次融资与不确定性交乘项(MR×PNUN)的回归系数分别为0.079和0.239,且均在5%水平上显著。结果表明,不确定性程度越高,越能增强多轮次融资对企业价值的正向影响。总体而言,中位数检验结果与主检验保持一致,结果依然稳健。

表 5.7　　　　　　　稳健性检验：中位数回归结果

变量	TQ (1)	PR (2)	TQ (3)	PR (4)
MR	0.665*** (20.675)	1.539*** (39.825)	0.410*** (4.435)	0.682*** (2.716)
PNUN			-0.018** (-2.402)	-0.055** (-2.286)
MR×PNUN			0.079** (2.120)	0.239** (2.252)
Lnsize	0.050*** (30.922)	0.895*** (26.667)	0.086*** (9.217)	0.736*** (2.017)
Lev	0.712*** (19.484)	-2.332*** (-49.590)	0.487*** (7.357)	-0.236* (-1.933)
ROA	-0.010*** (-4.961)	0.030 (0.536)	-0.041*** (-12.756)	2.624*** (31.039)
Growth	-0.019*** (-29.795)	-0.080*** (-5.245)	-0.034*** (-3.143)	-0.152*** (-4.782)
Cash	-0.012*** (-27.571)	-0.418*** (-14.386)	-0.018*** (-5.861)	-0.454*** (-15.312)
Lnage	0.012*** (15.509)	1.388*** (23.720)	-0.045*** (-17.347)	-1.759*** (-9.060)
Dual	-0.008*** (-6.306)	0.115*** (4.308)	-0.019*** (-21.612)	0.684*** (18.796)
Largeshare	-0.045*** (-48.745)	-1.685*** (-29.428)	-0.037*** (-16.296)	-0.571*** (-7.249)
Board	-0.004*** (-45.293)	0.232*** (24.832)	-0.009*** (-27.131)	0.316*** (16.907)
SOE	-0.006** (-2.517)	-1.874*** (-38.886)	-0.056*** (-35.837)	-2.133*** (-37.671)
Year	Yes	Yes	Yes	Yes
N	6215	6215	6215	6215
伪 R^2	0.128	0.124	0.207	0.228

三、倾向得分匹配法检验

考虑到不一定是多轮次融资提升了企业价值,有可能采取多轮次融资的公司本身与采取一次性融资的公司本身存在一些企业特征差异,进而对企业价值的影响路径存在差异。因此,采用倾向得分匹配的方法排除这种影响。首先,在采用一次性融资的企业中筛选与多轮次融资企业特征相似的企业,匹配特征选择企业规模(Lnsize)、企业现金流量比率(Cash)、企业是否为高科技企业(Hightech)、企业年龄(Lnage)、企业销售增长率(Growth)、企业研发投入(RD);其次,对筛选后的样本重新对模型5.1进行回归,回归结果如表5.8所示,结论依然稳健。

表5.8 匹配后不确性、多轮次融资与创业企业价值的回归结果

变量	TQ (1)	PR (2)	TQ (3)	PR (4)
MR	0.514*** (3.982)	1.507*** (3.954)	0.573*** (4.140)	1.420*** (3.767)
PNUN			−0.055** (−2.552)	−0.134** (−2.061)
MR × PNUN			0.058* (1.771)	0.033* (1.735)
Lnsize	0.166*** (2.590)	0.958*** (4.631)	0.155* (1.921)	0.630*** (2.880)
Lev	−0.260 (−0.731)	−1.866* (−1.838)	−0.002 (−0.006)	−0.625 (−0.613)
ROA	−0.064 (−0.147)	6.291*** (3.970)	−0.085 (−0.185)	6.255*** (3.937)
Growth	0.289** (2.198)	0.454 (1.335)	0.125 (0.917)	0.054 (0.182)
Cash	−0.194 (−1.009)	−0.360 (−0.669)	0.016 (0.078)	−0.012 (−0.021)

续表

变量	TQ (1)	PR (2)	TQ (3)	PR (4)
Lnage	-0.572* (-1.754)	-2.653*** (-2.651)	-0.661* (-1.762)	-4.353*** (-4.052)
Dual	-0.280** (-2.405)	-0.020 (-0.057)	-0.242* (-1.849)	-0.079 (-0.219)
Largeshare	-0.206 (-0.613)	0.944 (0.896)	-0.074 (-0.189)	2.310** (2.097)
Board	-0.014 (-0.261)	0.734*** (3.745)	-0.004 (-0.060)	0.860*** (4.298)
SOE	-0.257 (-1.158)	-2.081* (-1.846)	-0.275 (-1.187)	-2.298** (-2.220)
Industry	Yes	Yes	Yes	Yes
Year	Yes	Yes	Yes	Yes
N	1492	1492	1174	1174
F	11.120	10.908	17.206	10.032
R^2	0.102	0.152	0.118	0.163

第七节 本章小结

本章探讨了不确定性对多轮次融资与企业价值之间关系的影响。本书认为，不确定性会对企业投融资行为产生影响，进一步影响企业价值。本章旨在证明不确定性是创业企业的典型特征，而多轮次融资是创业企业常用的手段，正是由于在不确定性的情境下，多轮次融资对创业企业价值才有提升作用。具体地，本章构建了不确定性指数PNUN，使用新三板企业为研究样本，通过多元线性回归模型验证本章提出的假设。

实证分析部分，本章在控制企业财务特征、公司治理特征和其他相关控制变量后，对模型进行了OLS多元回归分析。回归结果表明，创业企业不确定性程度越高，越能增强多轮次融资对企业价值的提升作用。进一步分析中，排除了信息不对称的影响机制，发现信息不对称程度的高低并不影响多轮次

第五章 不确定性、多轮次融资与创业企业价值

融资与企业价值之间的关系。最后，将企业按照产权性质和研发投入进行划分，对子样本进行分组回归。结果表明，相比于国有企业，民营企业采取多轮次融资策略对企业价值提升的作用更显著。以研发投入衡量企业不确定性程度的高低，发现无论是在高研发投入组，还是低研发投入组，多轮次融资对企业价值的提升作用均有显著提升作用。

为了使上述结论更加稳健，本研究进行了以下稳健性检验。第一，对自变量进行了替换，重新对模型进行了检验。第二，为了避免数据回归结论受到极端值的影响，使用了分位数回归模型，重新对主要模型进行实证检验。第三，使用倾向匹配得分法（PSM）降低样本选择性偏差带来的影响。使用上述方法对模型重新进行了回归，结果依然稳健。总体来看，不确定性程度越高，越能增强多轮次融资对企业价值的正向影响。因此，对于创业企业来说，企业发展的不确定性是投资者主要担忧的问题，除了采用多轮次融资策略方法外，如何降低企业不确定性的影响，仍是创业企业亟须解决的问题。

第六章

研究结论与展望

第一节 研究结论与启示

一、主要研究结论

近年来，随着一系列扶持创业政策的出台，大众创业、万众创新逐渐成为经济发展的主流趋势。当下，在我国经济转型的关键时期，科技创新已然成为转变经济增长方式的重要推手。科技强则国强，技术创新不仅是国家所期盼的，也是社会大众所期盼的，更是企业和企业家们应牢记的使命。然而，尽管近年来我国创新创业活动活跃，但成功率并不高，说明创业企业生存不易，而造成创业企业失败的主要原因之一是无法取得关键的资源，包括人力、资金、技术等，其中资金短缺问题是多数创业企业所面临的共同挑战。

在当下日益复杂的产业环境下，创业企业发展面临严峻考验，引起了各方投资者的担忧。对于创业企业而言，不仅是外部投资者对创业企业的发展存疑，创始人自身对企业的发展也并不确定，不确定性伴随着创业企业成长的各个阶段。因此，创业企业必须快速调整企业策略，以期在多变的市场环境中求得生存和发展的机会。本书研究了创业企业如何使用多轮次融资策略，缓解投资者对企业发展前景的担忧，降低企业发展中的不确定性影响，并最终实现企业价值增值的问题。本研究以2014—2019年在新三板挂牌的企业作为研究样本，研究期间覆盖2014—2020年，采用Csmar、Wind和CV Source等公开数据为主，并结合部分手工收集和整理，通过多元线性回归后得出主要结论如下。

第一，本书从融资企业视角，研究了创业企业多轮次融资对企业价值的影响。研究发现，创业企业多轮次融资显著提高了企业价值，融资轮次和融资规模与企业价值显著正相关，而融资时间间隔与企业价值显著负相关。然后，分析了多轮次融资对企业成长性的影响。结果发现，多轮次融资对企业的净利润增长率的作用不显著，而对企业的销售增长率和总资产周转率有显著的正向影响。进一步，根据空间异质性、行业特性和股权结构对企业进行细分，具体包括企业是否处于东部、西部或中部区域，企业是否为高科技行业，企业股权集中度高低等，对子样本进行分组回归。结果表明，位于西部地区的企业进行多轮次融资对企业价值提升作用不明显,但位于东部和中部地区的企业开展多轮次融资都会显著提升企业价值,且东部地区的边际效果更显著。而对于行业分组,高科技行业开展多轮次融资对企业价值具有显著提升作用,非高科技组采取多轮次融资作用不明显。最后,按照股权集中度进行分组,发现股权集中度越低,多轮次融资对企业价值的提升作用效果越好。

第二,本书进一步研究了多轮次融资对创业企业价值的影响机制路径,分别从权益资本成本、风险承担和公司治理三个路径进行研究。首先,对权益资本成本进行中介效应检验。回归结论表明,创业企业使用多轮次融资方式,降低了投资者的投资风险,从而降低了企业的权益资本成本,进一步提升了企业价值,证明了权益资本是多轮次融资与企业价值之间的部分中介变量。其次,对企业风险承担水平进行中介效应检验,发现企业通过多轮次融资引入不同投资者,显著提高了企业的风险承担能力,进一步提升了企业价值,证明了风险承担水平是多轮次融资与企业价值之间的部分中介变量。最后,检验了公司治理水平的中介效应路径,发现多轮次融资可以通过引入专业化风险资本等机构投资者,完善公司治理水平,进一步提升了企业价值,并通过实证分析证明了公司治理水平是多轮次融资与企业价值之间的部分中介变量。

第三,本书认为不确定性是创业企业采取多轮次融资策略的重要原因,检验了不确定性对多轮次融资与企业价值之间关系的影响。本研究使用了OLS多元回归分析,发现不确定性程度越高,越能增强多轮次融资对企业价值的提升作用。同时,排除了信息不对称的影响机制,发现信息不对称程度的高低并不影响多轮次融资对企业价值之间的关系。最后,将企业按照产权性质和研发投入进行划分,对子样本进行分组回归。结果表明,相比于国有企业,民营企业采取多轮次融资策略对企业价值提升的作用更显著。以研发投入衡量企业不确定性程度的高低,发现了无论是在高研发投入组,还是低研发投入组,多轮次融资对企业价值的提升作用均有显著提升作用。

二、研究启示

本书首次从融资企业视角实证检验了创业企业多轮次融资对企业价值的

影响，并深入分析了多轮次融资对创业企业价值的影响机制路径。最后，检验了创业企业不确定性对多轮次融资与企业价值二者关系的影响。根据以上研究成果，本书得到以下启示。

第一，对于创业企业的启示。创业过程是一个发现和捕获机会并创造出新的产品、服务或实现潜在价值的过程。创业企业获取生存发展所需资源后，需要对资源加以整合和利用，实现企业的快速成长。那么，如何在不确定性情境下获得所需资源以突破自身的资源约束，是创业企业不得不面对的一个重大挑战。在实践中，很多创业企业采取多轮次融资策略，以期解决不确定性对企业融资带来的成本过高的影响。那么，如何降低外部投资者的担忧，如何降低投资者和创始人对企业的估值分歧，降低融资成本，是创业企业亟须解决的问题。此外，创业企业应积极接受风险投资机构的监督与指导建议，与风险资本开展合作，致力于提升企业价值。同时，企业管理决策者需培养能够整合、建立和重组内部和外部资源的能力，以有效解决快速变动环境所产生的问题。

第二，对于风险投资机构的启示。本书研究发现，我国风险资本显著地促进了新三板企业价值提升。然而现实中，风险资本对新三板企业的支持并不是很多，存在很大的提升空间。一方面，风险资本应提高专业运作水平，加强风投团队的管理经验和识别好项目的能力。风险投资机构也可以通过联合投资等方式分散投资风险，提高决策的准确性。另一方面，风险资本应努力对创业企业进行扶持，积极参与企业的运营与管理，通过与创业企业家的不断交流与沟通，了解创业企业发展过程中遇到的困难，并通过专业知识和社会资源帮助企业解决问题，最终实现双方的互惠共赢。

第三，对于监管机构的启示。首先，应充分发挥政府引导基金的作用，引导风险资金流向新三板创业企业，为创业企业提供资金支持。在发展风险投资的过程中，我国应学习发达国家经验，采用"民办官助"的方式，促进民间资本的发展，实现资金的"放大器效应"。其次，加强发展多元化风险投资主体，拓展多元化资金募集渠道，鼓励和培育多元化市场参与主体，如民营 VC/PE 机构、金融机构、CVC 等，激发风险投资市场的活力。最后，对新三板创业企业提供税收方面的政策支持，使创业企业能切实感受到"政策红利"，提升创业企业的风险承担水平，从而积极开展创新活动。同时应完善法律制度，加强知识产权保护和商标、专利保护等方面的法律法规，并建立创业企业的快速维权机制。

第四，对于多轮次融资研究的启示。目前，无论在实务界还是理论研究中，有关创业企业的多轮次融资现象研究依旧较少。现有学者主要从投资方视角探讨其不同投资策略对创业企业的影响，而忽视了创业企业的多轮次融资动机。关于创业企业如何利用多轮次融资提升企业价值的相关研究，不仅具有重要的现实意义，也具有极为重要的理论意义。随着资本市场的发展，信息披露制度和数据库的不断完善，学者们应进一步研究在创业企业多轮次融资背景下，企业每轮融资动机、融资结构、募集资金投向等发生变化时，其对企业价值的影响是否不同。

第二节 研究局限与展望

一、研究局限

本书从创业企业视角研究多轮次融资对企业价值的影响，在研究思路上做了一些调整与创新，并通过手工收集数据以及多种研究方法，获得了一定的研究成果。虽然在研究过程中力求证据充分、逻辑完整，但限于研究者的知识水平、理解问题能力和研究条件等诸多因素限制，本研究还存在很多不足。

其一，限于数据可得性和完整性，本书构建的多轮次融资样本只包含挂牌后2014—2020年被新三板创业企业样本。然而，很多企业挂牌之前，也可能存在多轮次融资现象。但由于挂牌之前的数据获得较为困难，本书并没有对挂牌之前的多轮次融资事件进行检验。

其二，关于变量的定义与测量方面，本研究存在一定的局限性。由于缺乏创业融资项目的具体披露信息，以及数据收集方面的困难，尽管借鉴了以往学者的研究，并进行了合理的拓展，本书对创业企业多轮次融资的定义可能存在一定的偏差。

其三，新三板企业的交易流动性较低，面板数据的平衡性较差，且计算资本成本、风险承担等机制变量所需数据不齐全，这在一定程度上使本书的实证检验结果在解释现实上打了折扣。以后随着新三板数据披露越来越多，应该可以更充分地研究相关问题。

其四,关于机制问题的探讨,除了从企业权益资本成本、风险承担、公司治理等视角以外,可能还存在其他多轮次融资影响企业价值的路径,而限于研究者的知识水平和数据可得性未被纳入本研究中,未来研究需纳入其他影响因素以扩充研究的广度与深度。

二、研究展望

结合本书研究结论与不足,未来进一步的研究可从以下几个方面展开:

第一,在研究方法方面,除了根据已有数据进行研究假设外,还可以通过问卷调查和案例研究等方法构建新的理论,拓展多轮次融资与企业价值之间的研究深度和广度。采用新三板挂牌企业数据进行实证分析,研究在一定程度上受到了样本选择性偏差的影响,因而限制了研究的深度与准确性。未来研究在条件许可的情况下,可以进行案例相关研究,通过对风险投资家和创始人进行访谈、深入了解创业企业的融资过程和风险资本进行投资时所评估和考虑的因素,以及双方在沟通和管理时所产生的摩擦和配合,发掘其中的研究问题。此外,也可以通过问卷调查的方式,获得一手数据,更准确地了解创业企业的多轮次融资动机,从而进行更深入地研究。

第二,在研究内容方面进行深入探索。首先,对于创业企业采取多轮次融资策略变量的测量方法,可以通过不断改进变量测量方法,尽可能做到全面和准确衡量相关变量。同时,随着未来企业和企业融资信息相关数据库的不断更新与完善,可以设置更精确的自变量,深入探讨多轮次融资对企业价值的影响。其次,可以研究创业企业在不同生命周期成长阶段,其融资策略的动态变化过程。创业企业在不同的发展阶段,融资方式亦有所不同,例如在种子阶段,多以个人投资为主,进入快速成长阶段,则以引入风险资本为主要来融资来源,而到了成熟阶段,则会采取 IPO 等方式在公开市场上募集资金,未来需进行进一步深入研究。最后,可以进一步探索创业企业多轮次融资的经济和社会后果。例如,多轮次融资与长期市场反应的关系,多轮次融资是否可以促进国家经济发展和社会福利水平的改善等。对于这些问题的深入探索是未来创业企业多轮次融资研究的一个重要方向。

参考文献

[1] 蔡莉,肖坚石,赵镝.基于资源开发过程的新创企业创业导向对资源利用的关系研究[J].科学学与科学技术管理,2008(01):98-102.

[2] 蔡宁.风险投资"逐名"动机与上市公司盈余管理[J].会计研究,2015(05):20-27+94.

[3] 曹福刚.董事会技能多元化能提升企业并购绩效吗?[J].经济问题,2021(02):89-95.

[4] 曹文婷.风险投资对新三板企业价值的影响及溢出效应研究[D].成都:四川大学,2021.

[5] 岑维,童娜琼.融资约束、多元化经营与公司业绩[J].商业研究,2015(02):96-103.

[6] 陈道富.我国融资难融资贵的机制根源探究与应对[J].金融研究,2015(02):45-52.

[7] 陈海声,卢丹.研发投入与企业价值的相关性研究[J].软科学,2011,25(02):20-23.

[8] 陈辉,顾乃康.新三板做市商制度、股票流动性与证券价值[J].金融研究,2017(04):176-190.

[9] 陈佳声.上市公司、审计师与监管机构的财务舞弊博弈研究[J].审计研究,2014(04):89-96.

[10] 陈金勇,汤湘希,孙建波.管理层持股激励与企业技术创新[J].软科学,2015,29(09):29-33.

[11] 陈胜蓝,刘晓玲. 经济政策不确定性与公司商业信用供给 [J]. 金融研究, 2018 (05): 172-190.

[12] 陈思,何文龙,张然. 风险投资与企业创新:影响和潜在机制 [J]. 管理世界, 2017 (01): 158-169.

[13] 崔志霞,孟祥瑞. 内部资本市场、融资约束与现金持有水平的动态调整 [J]. 管理科学, 2021, 34 (02): 114-128.

[14] 邓美薇. 经济政策不确定性对企业绩效的影响——来自中国非金融类上市公司的经验证据 [J]. 工业技术经济, 2019, 38 (02): 97-106.

[15] 丁潇君,杨秀智,徐磊. 国际化董事会、研发操纵与创新绩效 [J]. 财经论丛, 2020 (05): 94-103.

[16] 董静,汪江平,翟海燕,汪立. 服务还是监控:风险投资机构对创业企业的管理——行业专长与不确定性的视角 [J]. 管理世界, 2017 (06): 82-103, 187-188.

[17] 段云,王福胜,王正位. 多个大股东存在下的董事会结构模型及其实证检验 [J]. 南开管理评论, 2011, 14 (01): 54-64.

[18] 甘丽凝,陈思,胡珉,王俊秋. 管理层语调与权益资本成本——基于创业板上市公司业绩说明会的经验证据 [J]. 会计研究, 2019 (06): 27-34.

[19] 高磊,庞守林. 基于风险承担视角的资本结构与企业绩效研究 [J]. 大连理工大学学报(社会科学版), 2017, 38 (03): 18-23.

[20] 高磊,晓芳,王彦东. 多个大股东、风险承担与企业价值 [J]. 南开管理评论, 2020, 23 (05): 124-133.

[21] 郭文伟. 企业特征、融资模式与科技型中小企业信贷风险 [J]. 软科学, 2013, 27 (12): 72-75.

[22] 郭玥. 政府创新补助的信号传递机制与企业创新 [J]. 中国工业经济, 2018 (09): 98-116.

［23］郭照蕊，黄俊．公司多元化经营与会计信息价值相关性——来自中国证券市场的经验证据［J］．中央财经大学学报，2020（01）：58-69．

［24］韩亮亮，李凯，宋力．高管持股与企业价值——基于利益趋同效应与壕沟防守效应的经验研究［J］．南开管理评论，2006（04）：35-41．

［25］何威风，刘怡君，吴玉宇．大股东股权质押和企业风险承担研究［J］．中国软科学，2018（05）：110-122．

［26］何瑛，于文蕾，杨棉之．CEO复合型职业经历、企业风险承担与企业价值［J］．中国工业经济，2019（09）：155-173．

［27］何涌，王秀．风险投资异质性与政府补贴创新效应——"锦上添花"还是"画蛇添足"？［J］．经济与管理研究，2020，41（04）：102-119．

［28］侯建仁，李强，曾勇．风险投资、股权结构与创业绩效［J］．研究与发展管理，2009，21（04）：10-19．

［29］胡刘芬，周泽将．风险投资机构持股能够缓解企业后续融资约束吗？——来自中国上市公司的经验证据［J］．经济管理，2018，40（07）：91-109．

［30］黄福广，贾西猛，田莉．风险投资机构高管团队知识背景与高科技投资偏好［J］．管理科学，2016，29（05）：31-44．

［31］黄福广，柯迪，张振泽，党程程．多轮次融资对创业企业价值的影响机制研究——以启奥科技为例［J］．管理案例研究与评论，2019，12（01）：26-40．

［32］黄福广，柯迪，王贤龙，胡孙阳．基于技术溢出效应下的政府创新补助研究［J］．管理学报，2021，18（11）：1671-1678．

［33］黄福广，王建业．风险资本、高管激励与企业创新［J］．系统管理学报，2019，28（04）：601-614．

［34］黄继承，阚铄，朱冰，郑志刚．经理薪酬激励与资本结构动态调整［J］．管理世界，2016（11）：156-171．

[35] 纪洋,王旭,谭语嫣,黄益平.经济政策不确定性、政府隐性担保与企业杠杆率分化[J].经济学(季刊),2018,17(02):449-470.

[36] 贾宁,李丹.创业投资管理对企业绩效表现的影响[J].南开管理评论,2011,14(01):96-106.

[37] 贾新忠,袁卫秋.融资管理、高管治理与真实盈余[J].经济经纬,2019,36(02):110-117.

[38] 蒋健,刘智毅,姚长辉.IPO初始回报与创业投资参与——来自中小企业板的实证研究[J].经济科学,2011(01):81-92.

[39] 靳庆鲁,孔祥,侯青川.货币政策、民营企业投资效率与公司期权价值[J].经济研究,2012,47(05):96-106.

[40] 李佳宁,钟田丽.企业投资决策趋同:"羊群效应"抑或"同伴效应"?——来自中国非金融上市公司的面板数据[J].中国软科学,2020(01):128-142.

[41] 李科,徐龙炳.融资约束、债务能力与公司业绩[J].经济研究,2011,46(05):61-73.

[42] 李昆,唐英凯.风险投资能增加上市企业的价值吗?——基于中小板上市公司的研究[J].经济体制改革,2011(01):55-59.

[43] 李青原,吴素云,王红建.通货膨胀预期与企业银行债务融资[J].金融研究,2015(11):124-141.

[44] 李益娟,罗正英,朱新财.管理层权力、高管持股与企业成长[J].湖北社会科学,2016(09):106-113.

[45] 连玉君,彭方平,苏治.融资约束与流动性管理行为[J].金融研究,2010(10):158-171.

[46] 梁微.技术创新、服务性价值主张创新与企业价值[J].财会通讯,2019(27):57-60.

[47] 林钟高,郑军,卜继栓.环境不确定性、多元化经营与资本成本

[J]. 会计研究, 2015 (02): 36-43, 93.

[48] 刘国亮, 王加胜. 上市公司股权结构、激励制度及绩效的实证研究 [J]. 经济理论与经济管理, 2000 (05): 40-45.

[49] 刘华芳, 杨建君. 异质股东持股、经理人激励与企业自主创新投入的实证研究 [J]. 管理学报, 2014, 11 (01): 79-85.

[50] 刘建华, 李园园, 段坤, 孟陆. 董事会特征、创新投入与品牌价值——基于内生性视角的实证研究 [J]. 管理评论, 2019, 31 (12): 136-145.

[51] 刘淑莲, 周雪峰. 产权性质、债务融资与破产威胁效应——来自中国上市公司的经验证据 [J]. 财贸研究, 2011, 22 (05): 99-108.

[52] 刘文虎, 王震, 王子华, 于波. 科技型企业董事会特征与技术创新效率关系研究 [J]. 证券市场导报, 2020 (11): 33-39+55.

[53] 卢太平, 张东旭. 融资需求、融资约束与盈余管理 [J]. 会计研究, 2014 (01): 35-41, 94.

[54] 罗付岩. 银企关系对企业现金股利支付意愿和支付水平的影响——基于双栏模型的研究 [J]. 管理评论, 2019, 31 (11): 60-70.

[55] 罗进辉, 谭利华, 陈熠. 修改反收购章程条款阻击"野蛮人": 好消息还是坏消息? [J]. 财经研究, 2018, 44 (12): 113-125.

[56] 梅世强, 位豪强. 高管持股: 利益趋同效应还是壕沟防御效应——基于创业板上市公司的实证分析 [J]. 科研管理, 2014, 35 (07): 116-123.

[57] 孟为, 陆海天. 风险投资与新三板挂牌企业股票流动性——基于高科技企业专利信号作用的考察 [J]. 经济管理, 2018, 40 (03): 178-195.

[58] 穆林娟, 张妍, 刘海霞. 管理者行为、公司治理与费用粘性分析 [J]. 北京工商大学学报（社会科学版）, 2013, 28 (01): 75-81.

[59] 牛建波, 赵静. 信息成本、环境不确定性与独立董事溢价 [J]. 南开管理评论, 2012, 15 (02): 70-80.

[60] 潘健平, 王铭榕, 吴沛雯. 企业家精神、知识产权保护与企业创

新 [J]. 财经问题研究, 2015 (12): 104-110.

[61] 潘玉香, 孟晓咪, 赵梦琳. 文化创意企业融资约束对投资效率影响的研究 [J]. 中国软科学, 2016 (08): 127-136.

[62] 彭涛, 黄福广, 李少育. 风险资本对企业代理成本的影响: 公司治理的视角 [J]. 管理科学, 2018, 31 (04): 62-78.

[63] 彭涛, 黄福广, 孙凌霞. 经济政策不确定性与风险承担: 基于风险投资的证据 [J]. 管理科学学报, 2021, 24 (03): 98-114.

[64] 彭彦敏, 黄莹莹. 我国上市公司高管人员薪酬激励与公司价值的实证分析 [J]. 中国软科学, 2010 (S2): 315-319.

[65] 钱美琴, 黄黎利, 王立平. 上市公司股权集中度与公司绩效关系的实证研究 [J]. 华东经济管理, 2015, 29 (05): 169-174.

[66] 邱静, 刘芳梅. 货币政策、外部融资依赖与企业业绩 [J]. 财经理论与实践, 2016, 37 (05): 31-37.

[67] 饶华春. 中国金融发展与企业融资约束的缓解——基于系统广义矩估计的动态面板数据分析 [J]. 金融研究, 2009 (09): 156-164.

[68] 饶品贵, 张会丽. 通货膨胀预期与企业现金持有行为 [J]. 金融研究, 2015 (01): 101-116.

[69] 单春霞, 李倩, 仲伟周, 王宇红. 政府补贴、股权结构与创业板上市公司成长性——基于企业异质性视角 [J]. 经济问题, 2021 (01): 39-46, 124.

[70] 申慧慧, 于鹏, 吴联生. 国有股权、环境不确定性与投资效率 [J]. 经济研究, 2012, 47 (07): 113-126.

[71] 沈毅, 张慧雪, 贾西猛. 经济政策不确定性、高管过度自信与企业创新 [J]. 经济问题探索, 2019 (02): 39-50.

[72] 苏冬蔚, 林大庞. 股权激励、盈余管理与公司治理 [J]. 经济研究, 2010, 45 (11): 88-100.

[73] 苏柯,张超林,刘可. 金融发展、融资约束与公司流动性——来自中国上市公司的经验证据[J]. 经济问题, 2014（08）: 59-64.

[74] 苏坤. 管理层股权激励、风险承担与资本配置效率[J]. 管理科学, 2015, 28（03）: 14-25.

[75] 苏坤,张俊瑞,杨淑娥. 终极控制权、法律环境与公司财务风险——来自我国民营上市公司的证据[J]. 当代经济科学, 2010, 32（05）: 80-87, 127.

[76] 苏媛,李广培. 绿色技术创新能力、产品差异化与企业竞争力——基于节能环保产业上市公司的分析[J]. 中国管理科学, 2021, 29（04）: 46-56.

[77] 孙灵燕,李荣林. 融资约束限制中国企业出口参与吗?[J]. 经济学（季刊）, 2012, 11（01）: 231-252.

[78] 孙彤,薛爽,崔庆慧. 企业家前台化影响企业价值吗?——基于新浪微博的实证证据[J]. 金融研究, 2021（05）: 189-206.

[79] 孙杨,许承明,夏锐. 风险投资机构自身特征对企业经营绩效的影响研究[J]. 经济学动态, 2012（11）: 77-80.

[80] 孙早,肖利平. 融资结构与企业自主创新——来自中国战略性新兴产业A股上市公司的经验证据[J]. 经济理论与经济管理, 2016（03）: 45-58.

[81] 谭劲松,简宇寅,陈颖. 政府干预与不良贷款——以某国有商业银行1988—2005年的数据为例[J]. 管理世界, 2012（07）: 29-43, 187.

[82] 谈毅,杨晔,邵同尧. 风险投资、有效需求和研发投入[J]. 财政研究, 2012（09）: 12-15.

[83] 王化成,曹丰,叶康涛. 监督还是掏空: 大股东持股比例与股价崩盘风险[J]. 管理世界, 2015（02）: 45-57, 187.

[84] 王会娟,张然. 私募股权投资与被投资企业高管薪酬契约——基

于公司治理视角的研究［J］. 管理世界，2012（09）：156 – 167.

［85］王磊彬. 多次融资、长期市场反应与公司特征［D］. 成都：西南财经大学，2010.

［86］王声凑，曾勇. 阶段融资框架下的风险投资企业控制权配置研究［J］. 管理评论，2012，24（01）：139 – 145.

［87］王彦超. 融资约束、现金持有与过度投资［J］. 金融研究，2009（07）：121 – 133.

［88］王燕妮，杨慧. 融资方式、资本化研发选择与企业价值［J］. 预测，2018，37（02）：44 – 49.

［89］魏锋，刘星. 融资约束、不确定性对公司投资行为的影响［J］. 经济科学，2004（02）：35 – 43.

［90］魏敏，李书昊. 新常态下中国经济增长质量的评价体系构建与测度［J］. 经济学家，2018（04）：19 – 26.

［91］温军，冯根福. 风险投资与企业创新："增值"与"攫取"的权衡视角［J］. 经济研究，2018，53（02）：185 – 199.

［92］温忠麟，侯杰泰，张雷. 调节效应与中介效应的比较和应用［J］. 心理学报，2005（02）：268 – 274.

［93］吴超鹏，唐菂. 知识产权保护执法力度、技术创新与企业绩效——来自中国上市公司的证据［J］. 经济研究，2016，51（11）：125 – 139.

［94］夏鑫，杨金强. 非完备市场下控制权私利和公司资本结构［J］. 中国管理科学，2017，25（10）：31 – 41.

［95］肖珉，沈艺峰. 跨地上市公司具有较低的权益资本成本吗？——基于"法与金融"的视角［J］. 金融研究，2008（10）：93 – 103.

［96］肖泽忠，邹宏. 中国上市公司资本结构的影响因素和股权融资偏好［J］. 经济研究，2008（06）：119 – 134，144.

［97］谢雅萍，宋超俐. 风险投资与技术创新关系研究现状探析与未来

展望［J］．外国经济与管理，2017，39（02）：47-59．

［98］徐辉，周兵，周孝华．IPO 超募资金与投资效率关系研究——基于融资约束视角的实证分析［J］．华东经济管理，2019，33（07）：102-110．

［99］徐研，杨大楷．风投是否有助于高科技企业联盟网络构建——信号传递理论视角的研究［J］．科技进步与对策，2016，33（17）：73-78．

［100］颜剩勇，王典．"一带一路"企业社会责任、融资约束与投资效率［J］．财经科学，2021（02）：45-55．

［101］阳佳余．融资约束与企业出口行为：基于工业企业数据的经验研究［J］．经济学（季刊），2012，11（04）：1503-1524．

［102］杨中环．研发投入对企业价值影响的相关性研究——基于我国上市公司实施新会计准则后的实证检验［J］．科技管理研究，2013，33（10）：42-45．

［103］姚颐，刘志远．机构投资者具有监督作用吗？［J］．金融研究，2009（06）：128-143．

［104］袁晓玲，张占军，邸勃．新三板企业 EVA 经营绩效及其影响因素的差异化研究［J］．西安交通大学学报（社会科学版），2020，40（02）：36-44．

［105］曾蔚，阳欢欢，沈亚宁，苏宁．CVC 参与程度、创新资本与创业企业价值增值［J］．软科学，2020，34（01）：25-30．

［106］曾颖，陆正飞．信息披露质量与股权融资成本［J］．经济研究，2006（02）：69-79，91．

［107］詹宇波，孙鑫，曾军辉．信贷约束、盈利能力与创新决策——来自中国高科技企业的面板证据［J］．上海经济研究，2018（11）：90-100．

［108］叶建芳，陈潇．我国高管持股对企业价值的影响研究——一项来自高科技行业上市公司的证据［J］．财经问题研究，2008（03）：101-108．

［109］苑泽明，王培林，富钰媛．高管学术经历影响企业研发操纵了

吗？［J］．外国经济与管理，2020，42（08）：109－122．

［110］张杰．金融抑制、融资约束与出口产品质量［J］．金融研究，2015（06）：64－79．

［111］张路瑶．技术资本、人力资本对企业价值影响的机理探究——基于软件信息服务业企业的经验分析［J］．经济研究导刊，2019（02）：10－14．

［112］张维迎．所有制、治理结构及委托代理关系——兼评崔之元和周其仁的一些观点［J］．经济研究，1996（09）：3－15，53．

［113］张玉利．创业管理：管理工作面临的新挑战［J］．南开管理评论，2003（06）：4－7．

［114］赵静梅，傅立立，申宇．风险投资与企业生产效率：助力还是阻力？［J］．金融研究，2015（11）：159－174．

［115］甄红线，王谨乐．机构投资者能够缓解融资约束吗？——基于现金价值的视角［J］．会计研究，2016（12）：51－57，96．

［116］郑明波．高管海外经历、专业背景与企业技术创新［J］．中国科技论坛，2019（10）：137－144，153．

［117］郑玉．高新技术企业认定、外部融资激励与企业绩效——基于倾向得分匹配法（PSM）的实证研究［J］．研究与发展管理，2020，32（06）：91－102．

［118］周江燕．研发投入与企业业绩相关性研究——基于中国制造业上市公司的实证分析［J］．工业技术经济，2012，31（01）：49－57．

［119］周莉，盛梦婷．创业板中创业投资基金的投资效益分析［J］．中央财经大学学报，2012（01）：32－37．

［120］朱德胜，周晓珮．股权制衡、高管持股与企业创新效率［J］．南开管理评论，2016，19（03）：136－144．

［121］祝继高，李天时，YANG Tianxia．董事会中的不同声音：非控股股东董事的监督动机与监督效果［J］．经济研究，2021，56（05）：180－198．

［122］朱艳丽，陆雪艳，林志帆．中国企业研发决策同群效应的空间计量分析［J］．科技进步与对策，2021，38（18）：104－113．

［123］宗文龙，王玉涛，魏紫．股权激励能留住高管吗？——基于中国证券市场的经验证据［J］．会计研究，2013（09）：58－63，97．

［124］ABOR J. The effect of capital structure on profitability：An empirical analysis of listed firms in Ghana［J］．The Journal of Risk Finance，2005，6（5）：438－445．

［125］ABURUMMAN O，SALLEH A，OMAR K，et al. The impact of human resource management practices and career satisfaction on employee's turnover intention［J］．Management Science Letters，2020，10（3）：641－652．

［126］ADIZES I. Corporate lifecycles：How and why corporations grow and die and what to do about it［M］．New Jersey：Prentice Hall，1989．

［127］AGGARWAL R K，SAMWICK A A. Empire-builders and shirkers：Investment，firm performance，and managerial incentives［J］．Journal of Corporate Finance，2006，12（3）：489－515．

［128］AGHION P，BOLTON P. An incomplete contracts approach to financial contracting［J］．The Review of Economic Studies，1992，59（3）：473－494．

［129］AHLERS G K C，CUMMING D，GÜNTHER C，et al. Signaling in equity crowd funding［J］．Entrepreneurship Theory and Practice，2015，39（4）：955－980．

［130］ALLEN F，FAULHABER G R. Signalling by under pricing in the IPO market［J］．Journal of Financial Economics，1989，23（2）：303－323．

［131］ANDRUSIV U，KINASH I，CHERCHATA A，et al. Experience and prospects of innovation development venture capital financing［J］．Management Science Letters，2020，10（4）：781－788．

［132］AUERBACH A J. Taxes，firm financial policy and the cost of capital：

An empirical analysis [J]. Journal of Public Economics, 1984, 23 (1-2): 27-57.

[133] BAKER H K, MARTIN G S. Capital structure and corporate financing decisions: Theory, evidence, and practice [M]. New Jersey: John Wiley & Sons, 2011.

[134] BAKER M, WURGLER J. Market timing and capital structure [J]. The Journal of Finance, 2002, 57 (1): 1-32.

[135] BAKHTIARI S, BREUNIG R, MAGNANI L, et al. Financial constraints and small and medium enterprises: A review [J]. Economic Record, 2020, 96 (315): 506-523.

[136] BARTIK A W, BERTRAND M, CULLEN Z, et al. The impact of COVID-19 on small business outcomes and expectations [J]. Proceedings of the National Academy of Sciences, 2020, 117 (30): 17656-17666.

[137] BECK T, DEMIRGÜÇ-KUNT A, MAKSIMOVIC V. Financial and legal constraints to growth: does firm size matter? [J]. The Journal of Finance, 2005, 60 (1): 137-177.

[138] BELADI H, DENG J, HU M. Cash flow uncertainty, financial constraints and R&D investment [J]. International Review of Financial Analysis, 2021, 76: 101785.

[139] BERGER A N, UDELL G F. The economics of small business finance: The roles of private equity and debt markets in the financial growth cycle [J]. Journal of Banking & Finance, 1998, 22 (6-8): 613-673.

[140] BERGER T. Agent-based spatial models applied to agriculture: A simulation tool for technology diffusion, resource use changes and policy analysis [J]. Agricultural Economics, 2001, 25 (2-3): 245-260.

[141] BERGEMANN D, HEGE U. Venture capital financing, moral hazard,

and learning [J]. Journal of Banking & Finance, 1998, 22 (6-8): 703-735.

[142] BERK J B, STANTON R, ZECHNER J. Human capital, bankruptcy, and capital structure [J]. The Journal of Finance, 2010, 65 (3): 891-926.

[143] BERNANKE B S. Irreversibility, uncertainty, and cyclical investment [J]. The Quarterly Journal of Economics, 1983, 98 (1): 85-106.

[144] BERNSTEIN S, GIROUD X, TOWNSEND R R. The impact of venture capital monitoring [J]. The Journal of Finance, 2016, 71 (4): 1591-1622.

[145] BERTONI F, CROCE A, GUERINI M. Venture capital and the investment curve of young high-tech companies [J]. Journal of Corporate Finance, 2015, 35: 159-176.

[146] BEN-ZION U. The R&D and investment decision and its relationship to the firm's market value: Some preliminary results [M] //R&D, patents, and productivity. University of Chicago Press, 1984: 299-314.

[147] BHAT K U, CHEN Y, JEBRAN K, et al. Corporate governance and firm value: A comparative analysis of state and non-state owned companies in the context of Pakistan [J]. Corporate Governance: International Journal of Business in Society, 2018, 18 (6): 1196-1206.

[148] BHIDE A. The origin and evolution of new businesses [M]. New York: Oxford University Press, 2003.

[149] BIENZ C, HIRSCH J. The dynamics of venture capital contracts [J]. Review of Finance, 2012, 16 (1): 157-195.

[150] BLACK B S, GILSON R J. Venture capital and the structure of capital markets: Banks versus stock markets [J]. Journal of Financial Economics, 1998, 47 (3): 243-277.

[151] BLOMKVIST M, KORKEAMÄKI T, TAKALO T. Staged equity financing [J]. Available at SSRN 3764720, 2020.

[152] BLOOM N, BOND S, VAN REENEN J. Uncertainty and investment dynamics [J]. The Review of Economic Studies, 2007, 74 (2): 391-415.

[153] BOLTON P, FREIXAS X. Equity, bonds, and bank debt: Capital structure and financial market equilibrium under asymmetric information [J]. Journal of Political Economy, 2000, 108 (2): 324-351.

[154] BOTTAZZI L, DA RIN M, HELLMANN T. What is the role of legal systems in financial intermediation? Theory and evidence [J]. Journal of Financial Intermediation, 2009, 18 (4): 559-598.

[155] BOUBAKRI N, COSSET J C, SAFFAR W. The role of state and foreign owners in corporate risk-taking: Evidence from privatization [J]. Journal of Financial Economics, 2013, 108 (3): 641-658.

[156] BRONZINI R, PISELLI P. The impact of R&D subsidies on firm innovation [J]. Research Policy, 2016, 45 (2): 442-457.

[157] BYGRAVE W, TIMMONS J. Venture capital at the crossroads [M]. Boston: Harvard Business School Press, 1992.

[158] CAI L, GUO R, FEI Y, et al. Effectuation, exploratory learning and new venture performance: Evidence from China [J]. Journal of Small Business Management, 2017, 55 (3): 388-403.

[159] CAMPELLO M, GRAHAM J R, HARVEY C R. The real effects of financial constraints: Evidence from a financial crisis [J]. Journal of financial Economics, 2010, 97 (3): 470-487.

[160] CANTON E, GRILO I, MONTEAGUDO J, et al. Investigating the perceptions of credit constraints in the European Union [C]. ERIM, 2010.

[161] CHEMMANUR T J, KRISHNAN K, NANDY D K. How does venture

capital financing improve efficiency in private firms? A look beneath the surface [J]. Social Science Electronic Publishing, 2011, 24 (12): 4037 – 4090.

[162] CHO J, LEE J. The venture capital certification role in R&D: Evidence from IPO under pricing in Korea [J]. Pacific – Basin Finance Journal, 2013, 23 (6): 83 – 108.

[163] CIFTCI I, TATOGLU E, WOOD G, et al. Corporate governance and firm performance in emerging markets: Evidence from Turkey [J]. International Business Review, 2019, 28 (1): 90 – 103.

[164] CLAESSENS S, FEIJEN E, LAEVEN L. Political connections and preferential access to finance: The role of campaign contributions [J]. Journal of Financial Economics, 2008, 88 (3): 554 – 580.

[165] COASE R H. The nature of the firm [J]. Journal of Law, Economics, & Organization, 1988, 4 (1): 33 – 47.

[166] COLES J L, DANIEL N D, NAVEEN L. Managerial incentives and risk – taking [J]. Journal of financial Economics, 2006, 79 (2): 431 – 468.

[167] COLOMBO M G, MURTINU S. Venture capital investments in Europe and portfolio firms' economic performance: Independent versus corporate investors [J]. Journal of Economics & Management Strategy, 2017, 26 (1): 35 – 66.

[168] CORNELLI F, YOSHA O. Stage financing and the role of convertible securities [J]. The Review of Economic Studies, 2003, 70 (1): 1 – 32.

[169] COSH A, CUMMING D, HUGHES A. Outside enterpreneurial capital [J]. The Economic Journal, 2009, 119 (540): 1494 – 1533.

[170] COVAS F, DEN HAAN W J. The role of debt and equity finance over the business cycle [J]. The Economic Journal, 2012, 122 (565): 1262 – 1286.

[171] CHEMMANUR T J, KRISHNAN K, NANDY D K. How does venture capital financing improve efficiency in private firms? A look beneath the surface

[J]. The Review of Financial Studies, 2011, 24 (12): 4037 - 4090.

[172] CZARNIEWSKI S. Small and medium - sized enterprises in the context of innovation and entrepreneurship in the economy [J]. Polish Journal of Management Studies, 2016, 13 (1): 30 - 39.

[173] DAHIYA S, RAY K. Staged investments in entrepreneurial financing [J]. Journal of Corporate Finance, 2012, 18 (5): 1193 - 1216.

[174] DALEY B, GREEN B. Waiting for News in the Market for Lemons [J]. Econometrica, 2012, 80 (4): 1433 - 1504.

[175] DA RIN M, PENAS M F. Venture capital and innovation strategies [J]. Industrial and Corporate Change, 2017, 26 (5): 781 - 800.

[176] DAVILA A, FOSTER G, GUPTA M. Venture capital financing and the growth of startup firms [J]. Journal of Business Venturing, 2003, 18 (6): 689 - 708.

[177] DEANB V, GIGLIERANO J J. Multistage financing of technical start - up companies in Silicon Valley [J]. Journal of Business Venturing, 1990, 5 (6): 375 - 389.

[178] DE CLERCQ D, MANIGART S. The venture capital post - investment phase: Opening the black box of involvement [J]. Handbook of research on venture capital, 2007, 193218.

[179] DE MIGUEL A, PINDADO J, DE LA TORRE C. Ownership structure and firm value: New evidence from Spain [J]. Strategic Management Journal, 2004, 25 (12): 1199 - 1207.

[180] DEL GAUDIO B L, PORZIO C, SAMPAGNARO G, et al. Public policy and venture capital: Pursuing the disclosure goal [J]. Research in International Business and Finance, 2020, 51: 101104.

[181] DHILLON A, ROSSETTO S. Ownership structure, voting, and risk

[J]. The Review of Financial Studies, 2015, 28 (2): 521-560.

[182] DIAMOND D W. Financial intermediation and delegated monitoring [J]. The Review of Economic Studies, 1984, 51 (3): 393-414.

[183] DIMAGGIO P J, POWELL W W. The iron cage revisited: Institutional isomorphism and collective rationality in organizational fields [J]. American Sociological Review, 1983: 147-160.

[184] DITTMAR A, MAHRT-SMITH J. Corporate governance and the value of cash holdings [J]. Journal of Financial Economics, 2007, 83 (3): 599-634.

[185] DU J, WU F, LIANG X. Corporate liquidity and firm value: Evidence from China's listed firms [C] //SHS Web of Conferences. EDP Sciences, 2016, 24: 01013.

[186] DURAND D. Costs of debt and equity funds for business: Trends and problems of measurement [C] //Conference on Research in Business Finance. NBER, 1952: 215-262.

[187] DYRENG S D, HANLON M, MAYDEW E L. Long-run corporate tax avoidance [J]. The Accounting Review, 2008, 83 (1): 61-82.

[188] EASLEY D, O'HARA M. Information and the cost of capital [J]. The Journal of Finance, 2004, 59 (4): 1553-1583.

[189] EDMANS A. Does the stock market fully value intangibles? Employee satisfaction and equity prices [J]. Journal of Financial Economics, 2011, 101 (3): 621-640.

[190] EHIE I C, OLIBE K. The effect of R&D investment on firm value: An examination of US manufacturing and service industries [J]. International Journal of Production Economics, 2010, 128 (1): 127-135.

[191] FACCIO M, MARCHICA M T, MURA R. Large shareholder diversification and corporate risk-taking [J]. The Review of Financial Studies, 2011,

24 (11): 3601-3641.

[192] FACCIO M, MASULIS R W, MCCONNELL J J. Political connections and corporate bailouts [J]. The Journal of Finance, 2006, 61 (6): 2597-2635.

[193] FARRELL K, UNLU E, YU J. Stock repurchases as an earnings management mechanism: The impact of financing constraints [J]. Journal of Corporate Finance, 2014, 25: 1-15.

[194] FAZZARI S M, HUBBARD R G, PETERSEN B C. Financing constraints and corporate investment [J]. Brookings Papers on Economic Activity, 1988, 19 (1): 141-206.

[195] FENG Y. Political freedom, political instability, and policy uncertainty: A study of political institutions and private investment in developing countries [J]. International Studies Quarterly, 2001, 45 (2): 271-294.

[196] FRANCIS J, NANDA D, OLSSON P. Voluntary disclosure, earnings quality, and cost of capital [J]. Journal of accounting research, 2008, 46 (1): 53-99.

[197] FRANK M Z, GOYAL V K. Capital structure decisions: Which factors are reliably important? [J]. Financial Management, 2009, 38 (1): 1-37.

[198] FRASER D R, ZHANG H, DERASHID C. Capital structure and political patronage: The case of Malaysia [J]. Journal of Banking & Finance, 2006, 30 (4): 1291-1308.

[199] FRYDENBERG E. Coping competencies: What to teach and when [J]. Theory into Practice, 2004, 43 (1): 14-22.

[200] GAN H, PARK M S, SUH S H. Non-financial performance measures, CEO compensation, and firms' future value [J]. Journal of Business Research, 2020, 110: 213-227.

[201] GANGULI S K, GUHA DEB S. Board composition, ownership struc-

ture and firm performance: New Indian evidence [J]. International Journal of Disclosure and Governance, 2021, 18 (3): 256 – 268.

[202] GLOVA J, MRÁZKOVÁ S. Impact of intangibles on firm value: An empirical evidence from european public companies [J]. Ekonomicky Casopis, 2018, 66 (7): 665 – 680.

[203] GLOVER B, LEVINE O. Uncertainty, investment, and managerial incentives [J]. Journal of Monetary Economics, 2015, 69: 121 – 137.

[204] GOH B W, LEE J, LIM C Y, et al. The effect of corporate tax avoidance on the cost of equity [J]. The Accounting Review, 2016, 91 (6): 1647 – 1670.

[205] GOMPERS P A. Optimal investment, monitoring, and the staging of venture capital [J]. The journal of finance, 1995, 50 (5): 1461 – 1489.

[206] GOMPERS P A. Grandstanding in the venture capital industry [J]. Journal of Financial Economics, 1996, 42 (1): 133 – 156.

[207] GOMPERS P A, LERNER J. What drives venture capital fundraising? [J]. Brookings Papers on Economic Activity, 1998: 149 – 192.

[208] GOMPERS P A, GORNALL W, KAPLAN S N, ET AL. How do venture capitalists make decisions? [J]. Journal of Financial Economics, 2020, 135 (1): 169 – 190.

[209] GORMAN, M., W. A. SAHLMAN. What Do Venture Capitalists Do? [J]. Journal of Business Venturing. 1989, 4 (4): 231 – 248.

[210] GORNALL W, STREBULAEV I A. The economic impact of venture capital: Evidence from public companies [J]. Available at SSRN 2681841, 2021.

[211] GREGORY B T, RUTHERFORD M W, OSWALD S, et al. An empirical investigation of the growth cycle theory of small firm financing [J]. Journal of Small Business Management, 2005, 43 (4): 382 – 392.

[212] GRILICHES Z. Market value, R&D, and patents [J]. Economics Letters, 1981, 7 (2): 183 – 187.

[213] GROSSMAN S J, HART O D. Takeover bids, the free – rider problem, and the theory of the corporation [J]. The Bell Journal of Economics, 1980: 42 – 64.

[214] GUARIGLIA A. Internal financial constraints, external financial constraints, and investment choice: Evidence from a panel of UK firms [J]. Journal of Banking & Finance, 2008, 32 (9): 1795 – 1809.

[215] GULEN H, ION M. Policy uncertainty and corporate investment [J]. The Review of Financial Studies, 2016, 29 (3): 523 – 564.

[216] GUL F A. Growth opportunities, capital structure and dividend policies in Japan [J]. Journal of Corporate Finance, 1999, 5 (2): 141 – 168.

[217] HALL B H, LERNER J. The financing of R&D and innovation [M] //Handbook of the Economics of Innovation. North – Holland, 2010, 1: 609 – 639.

[218] HALL B H, MACGARVIE M. The private value of software patents [J]. Research Policy, 2010, 39 (7): 994 – 1009.

[219] HALLEN B L. The causes and consequences of the initial network positions of new organizations: From whom do entrepreneurs receive investments? [J]. Administrative Science Quarterly, 2008, 53 (4): 685 – 718.

[220] HARRIS M, RAVIV A. Corporate governance: Voting rights and majority rules [J]. Journal of Financial Economics, 1988, 20: 203 – 235.

[221] HART O, MOORE J. Property Rights and the Nature of the Firm [J]. Journal of Political Economy, 1990, 98 (6): 1119 – 1158.

[222] HATZINIKOLAOU D, KATSIMBRIS G M, NOULAS A G. Inflation uncertainty and capital structure: Evidence from a pooled sample of the Dow –

Jones industrial firms [J]. International Review of Economics & Finance, 2002, 11 (1): 45 – 55.

[223] HAUNSCHILD P R, MINER A S. Modes of interorganizational imitation: The effects of outcome salience and uncertainty [J]. Administrative Science Quarterly, 1997: 472 – 500.

[224] HELLMANN T, PURI M. Venture capital and the professionalization of start – up firms: Empirical evidence [J]. The Journal of Finance, 2002, 57 (1): 169 – 197.

[225] HELLMANN T, THIELE V. May the force be with you: Investor power and company valuations [R]. National Bureau of Economic Research, 2018.

[226] HELWEGE J, LIANG N. Is there a pecking order? Evidence from a panel of IPO firms [J]. Journal of Financial Economics, 1996, 40 (3): 429 – 458.

[227] HENNESSY C A, WHITED T M. How costly is external financing? Evidence from a structural estimation [J]. The Journal of Finance, 2007, 62 (4): 1705 – 1745.

[228] HERTZEL M G, HUSON M R, PARRINO R. Public market staging: The timing of capital infusions in newly public firms [J]. Journal of Financial Economics, 2012, 106 (1): 72 – 90.

[229] HILL C W L, SNELL S A. External control, corporate strategy, and firm performance in research – intensive industries [J]. Strategic Management Journal, 1988, 9 (6): 577 – 590.

[230] HILL C W L, SNELL S A. Effects of ownership structure and control on corporate productivity [J]. Academy of Management Journal, 1989, 32 (1): 25 – 46.

[231] HIRSHLEIFER J. Investment decision under uncertainty: Applications

of the state – preference approach [J]. The Quarterly Journal of Economics, 1966, 80 (2): 252 – 277.

[232] HOCHBERG Y V. Venture capital and corporate governance in the newly public firm [J]. Review of Finance, 2012, 16 (2): 429 – 480.

[233] HOENEN S, KOLYMPIRIS C, SCHOENMAKERS W, et al. The diminishing signaling value of patents between early rounds of venture capital financing [J]. Research Policy, 2014, 43 (6): 956 – 989.

[234] HOLMSTROM B. Agency costs and innovation [J]. Journal of Economic Behavior & Organization, 1989, 12 (3): 305 – 327.

[235] HOPP C, LUKAS C. Evaluation frequency and evaluator's experience: The case of venture capital investment firms and monitoring intensity in stage financing [J]. Journal of Management & Governance, 2014, 18 (2): 649 – 674.

[236] HSIEH P H, MISHRA C S, GOBELI D H. The return on R&D versus capital expenditures in pharmaceutical and chemical industries [J]. IEEE Transactions on Engineering Management, 2003, 50 (2): 141 – 150.

[237] HSU Y W. Staging of venture capital investment: A real options analysis [J]. Small Business Economics, 2010, 35 (3): 265 – 281.

[238] HUANG R, RITTER J R. Testing theories of capital structure and estimating the speed of adjustment [J]. Journal of Financial and Quantitative analysis, 2009, 44 (2): 237 – 271.

[239] JAIN B A, KINI O. Venture capitalist participation and the post – issue operating performance of IPO firms [J]. Managerial and Decision Economics, 1995, 16 (6): 593 – 606.

[240] JENSEN M C, MECKLING W H. Theory of the firm: Managerial behavior, agency costs and ownership structure [J]. Journal of Financial Economics, 1976, 3 (4): 305 – 360.

[241] JENSEN M C. Agency costs of free cash flow, corporate finance, and takeovers [J]. The American Economic Review, 1986, 76 (2): 323 -329.

[242] JULIO B, YOOK Y. Political Uncertainty and Corporate Investment Cycles [J]. The Journal of Finance, 2012, 67 (1): 45 -83.

[243] JUNG K, KIM Y C, STULZ R M. Timing, investment opportunities, managerial discretion, and the security issue decision [J]. Journal of Financial Economics, 1996, 42 (2): 159 -185.

[244] KAPLAN S N, SENSOY B A, STRÖMBERG P. Should investors bet on the jockey or the horse? Evidence from the evolution of firms from early business plans to public companies [J]. The Journal of Finance, 2009, 64 (1): 75 -115.

[245] KAPLAN S N, STRÖMBERG P. Venture capitals as principals: Contracting, screening, and monitoring [J]. American Economic Review, 2001, 91 (2): 426 -430.

[246] KAPLAN S N, STRÖMBERG P. Financial contracting meets the real world: An empirical analysis of venture capital contracts [J]. Review of Economic Studies, 2003: 1 -35.

[247] KAUFMANN L, KREFT S, EHRGOTT M, et al. Rationality in supplier selection decisions: The effect of the buyer's national task environment [J]. Journal of Purchasing and Supply Management, 2012, 18 (2): 76 -91.

[248] KAYHAN A, TITMAN S. Firms' histories and their capital structures [J]. Journal of Financial Economics, 2007, 83 (1): 1 -32.

[249] KEUM D D. Cog in the wheel: Resource release and the scope of interdependencies in corporate adjustment activities [J]. Strategic Management Journal, 2020, 41 (2): 175 -197.

[250] KHAOULA F, MOEZ D. The moderating effect of the board of directors on firm value and tax planning: Evidence from European listed firms [J]. Bor-

sa Istanbul Review, 2019, 19 (4): 331-343.

[251] KHWAJA A I, MIAN A. Do lenders favor politically connected firms? Rent provision in an emerging financial market [J]. The Quarterly Journal of Economics, 2005, 120 (4): 1371-1411.

[252] KIM J M, YANG I, YANG T, et al. The impact of R&D intensity, financial constraints, and dividend payout policy on firm value [J]. Finance Research Letters, 2021, 40: 101802.

[253] KO E J, MCKELVIE A. Signaling for more money: The roles of founders' human capital and investor prominence in resource acquisition across different stages of firm development [J]. Journal of Business Venturing, 2018, 33 (4): 438-454.

[254] KOÇKESEN L, OZERTURK S. Staged financing and endogenous lock-in: A model of start-up finance [R]. Working Paper, Columbia University, 2002.

[255] KOENIG L, TENNERT J. Tell me something new: startup valuations, information asymmetry, and the mitigating effect of informational updates [J]. Venture Capital, 2022: 1-23.

[256] KOENKER R, BASSETT JR G. Regression quantiles [J]. Econometrica: Journal of the Econometric Society, 1978: 33-50.

[257] KORTUM S S, LERNER J. Does Venture Capital Spur Innovation? [J]. Available at SSRN 10583, 1998.

[258] KNIGHT F H. Risk, uncertainty and profit [M]. New York: Houghton Mifflin, 1921.

[259] KNOCKAERT M, VANACKER T. The association between venture capitalists' selection and value adding behavior: Evidence from early stage high tech venture capitalists [J]. Small Business Economics, 2013, 40 (3): 493-509.

[260] KRAUS A, LITZENBERGER R H. A state-preference model of opti-

mal financial leverage [J]. The Journal of Finance, 1973, 28 (4): 911 –922.

[261] KUMAR N, STERN L W, ANDERSON J C. Conducting interorganizational research using key informants [J]. Academy of Management Journal, 1993, 36 (6): 1633 –1651.

[262] LANG L H P, STULZ R M. Tobin's q, corporate diversification, and firm performance [J]. Journal of Political Economy, 1994, 102 (6): 1248 – 1280.

[263] LARGE D, MUEGGE S. Venture capitalists' non – financial value – added: An evaluation of the evidence and implications for research [J]. Venture Capital, 2008, 10 (1): 21 –53.

[264] LAW K K F, MILIS L F. Taxes and financial constraints: Evidence from linguistic cues [J]. Journal of Accounting Research, 2015, 53 (4): 777 –819.

[265] Leahy J V, Whited T. The effect of uncertainty on investment: Some stylized facts [J]. Journal of Money Credit and Banking, 1995, 28 (1): 64 –83.

[266] LELAND H E, PYLE D H. Informational asymmetries, financial structure, and financial intermediation [J]. The Journal of Finance, 1977, 32 (2): 371 –387.

[267] LENNOX C. Do companies successfully engage in opinion – shopping? Evidence from the UK [J]. Journal of Accounting and Economics, 2000, 29 (3): 321 –337.

[268] LERNER J. The government as venture capitalist: The long – run impact of the SBIR program [J]. The Journal of Private Equity, 2000, 3 (2): 55 –78.

[269] LEWELLYN K B, MULLER – KAHLE M I. CEO power and risk taking: Evidence from the subprime lending industry [J]. Corporate Governance:

An International Review, 2012, 20 (3): 289 – 307.

[270] LINDSEY L. Blurring firm boundaries: The role of venture capital in strategic alliances [J]. The Journal of Finance, 2008, 63 (3): 1137 – 1168.

[271] LINS K V, SERVAES H. Is corporate diversification beneficial in emerging markets? [J]. Financial Management, 2002: 5 – 31.

[272] LONG M, MALITZ I. The investment – financing nexus: Some empirical evidence [J]. Midland Corporate Finance Journal, 1985, 3 (3): 53 – 59.

[273] LUKAS E, MÖLLS S, WELLING A. Venture capital, staged financing and optimal funding policies under uncertainty [J]. European Journal of Operational Research, 2016, 250 (1): 305 – 313.

[274] LUO Q, LI H, ZHANG B. Financing constraints and the cost of equity: Evidence on the moral hazard of the controlling shareholder [J]. International Review of Economics & Finance, 2015, 36: 99 – 106.

[275] LYANDRES E. Costly external financing, investment timing, and investment – cash flow sensitivity [J]. Journal of Corporate Finance, 2007, 13 (5): 959 – 980.

[276] MAGNUS B, KORKEAMÄKI T, TAKALO T. Staged equity financing [R]. Bank of Finland Research Discussion Paper, 2020.

[277] MAHAJAN A, TARTAROGLU S. Equity market timing and capital structure: International evidence [J]. Journal of Banking & Finance, 2008, 32 (5): 754 – 766.

[278] MAKSIMOVIC V, TITMAN S. Financial policy and reputation for product quality [J]. The Review of Financial Studies, 1991, 4 (1): 175 – 200.

[279] MANIGART S, WRIGHT M. Reassessing the relationships between private equity investors and their portfolio companies [J]. Small Business Economics, 2013, 40 (3): 479 – 492.

［280］ MANSO, G. Motivating innovation［J］. The Journal of Finance, 2011, 66 (5): 1823 - 1860.

［281］ MAZUR M, SALGANIK - SHOSHAN G. The effect of executive stock option delta and vega on the spin - off decision［J］. The Quarterly Review of Economics and Finance, 2019, 72: 132 - 144.

［282］ MEGGINSON W L, WEISS K A. Venture capitalist certification in initial public offerings［J］. The Journal of Finance, 1991, 46 (3): 879 - 903.

［283］ MILLER E M. Risk, uncertainty, and divergence of opinion［J］. The Journal of Finance, 1977, 32 (4): 1151 - 1168.

［284］ MODIGLIANI F, MILLER M H. The cost of capital, corporation finance and the theory of investment［J］. The American Economic Review, 1958, 48 (3): 261 - 297.

［285］ MODIGLIANI F, MILLER M H. Corporate income taxes and the cost of capital: A correction［J］. The American Economic Review, 1963, 53 (3): 433 - 443.

［286］ MORCK R, WOLFENZON D, YEUNG B. Corporate governance, economic entrenchment, and growth［J］. Journal of Economic Literature, 2005, 43 (3): 655 - 720.

［287］ MYERS S C. Determinants of corporate borrowing［J］. Journal of Financial Economics, 1977, 5 (2): 147 - 175.

［288］ MYERS S C, MAJLUF N S. Corporate financing and investment decisions when firms have information that investors do not have［J］. Journal of Financial Economics, 1984, 13 (2): 187 - 221.

［289］ MYERS S C. Capital structure［J］. Journal of Economic Perspectives, 2001, 15 (2): 81 - 102.

［290］ NEHER D V. Staged financing: An agency perspective［J］. The Review of Economic Studies, 1999, 66 (2): 255-274.

[291] OPOKU - MENSAH E, YIN Y, ADDAI B. Do mature firms gain higher economic value from R&D investment? [J]. Journal of Industry, Competition and Trade, 2021, 21 (2): 211-223.

[292] ORTEGA - ARGILES R, MORENO R, CARALT J S. Ownership structure and innovation: Is there a real link? [J]. The Annals of Regional Science, 2005, 39 (4): 637-662.

[293] OSTGAARD T A, BIRLEY S. New venture growth and personal networks [J]. Journal of Business Research, 1996, 36 (1): 37-50.

[294] PARK H D, STEENSMA H K. When does corporate venture capital add value for new ventures? [J]. StrategicManagement Journal, 2012, 33 (1): 1-22.

[295] PASTOR L, VERONESI P. Uncertainty about government policy and stock prices [J]. The Journal of Finance, 2012, 67 (4): 1219-1264.

[296] PANDEY K D, SAHU T N. Concentrated promoters' ownership and firm value: Re - examining the monitoring and expropriation hypothesis [J]. Paradigm, 2019, 23 (1): 70-82.

[297] PFEFFER J, SALANCIK G R. The external control of organizations: A resource dependence perspective [M]. New York: Harper & Row, 1978.

[298] PINEGAR J M, WILBRICHT L. What managers think of capital structure theory: A survey [J]. Financial Management, 1989: 82-91.

[299] RAJAN R G, ZINGALES L. Financial dependence and growth. American Economic Review, 1995, 88 (3): 559-586.

[300] RASHID K, ISLAM S. Corporate governance, complementarities and the value of a firm in an emerging market: The effect of market imperfections [J]. Corporate Governance, 2013, 13 (1): 70-87.

[301] ROBICHEK A A, MYERS S C. Valuation of the firm: Effects of uncertainty in a market context [J]. The Journal of Finance, 1966, 21 (2): 215 -227.

[302] ROMANO C A, TANEWSKI G A, SMYRNIOS K X. Capital structure decision making: A model for family business [J]. Journal of Business Venturing, 2001, 16 (3): 285 -310.

[303] ROOS G, ROOS J. Measuring your company's intellectual performance [J]. Long Range Planning, 1997, 30 (3): 413 -426.

[304] ROSS S A. The determination of financial structure: The incentive - signalling approach [J]. The Bell Journal of Economics, 1977, 8 (1): 23 -40.

[305] RUAN W, TIAN G, MA S. Managerial ownership, capital structure and firm value: Evidence from China's civilian - run firms [J]. Australasian Accounting, Business and Finance Journal, 2011, 5 (3): 73 -92.

[306] SAHLMAN W A. The structure and governance of venture - capital organizations [J]. Journal of Financial Economics, 1990, 27 (2): 473 -521.

[307] SALVI A, VITOLLA F, RUBINO M, et al. Online information on digitalisation processes and its impact on firm value [J]. Journal of Business Research, 2021, 124: 437 -444.

[308] SÁNCHEZ - VIDAL J, MARTÍN - UGEDO J F. Are the implications of the financial growth cycle confirmed for Spanish SMEs? [J]. Journal of Business Economics and Management, 2012, 13 (4): 637 -665.

[309] SARKAR J, SARKAR S. Debt and corporate governance in emerging economies: Evidence from India [J]. Economics of Transition, 2008, 16 (2): 293 -334.

[310] SCHERER F M, ROSS D. Industrial market structure and economic performance [M]. Boston: Houghton Mifflin, 1990.

[311] SCHMID M, ZIMMERMANN H. Managerial incentives and firm valuation: Evidence from Switzerland [J]. Available at SSRN 784187, 2007.

[312] SCHUMPETER J. The theory of economic development [M]. Boston: Harvard University Press, 1934.

[313] SHEPHERD D A, ZACHARAKIS A. Venture capitalists' expertise: A call for research into decision aids and cognitive feedback [J]. Journal of Business Venturing, 2002, 17 (1): 1 - 20.

[314] SHLEIFER A, VISHNY R W. Large shareholders and corporate control [J]. Journal of Political Economy, 1986, 94 (3, Part 1): 461 - 488.

[315] SOUTHER M E. Does board independence increase firm value? Evidence from Closed - End funds [J]. Journal of Financial and Quantitative Analysis, 2021, 56 (1): 313 - 336.

[316] STANDAERT T, KNOCKAERT M, MANIGART S. Venture capital winners: A configurational approach to high venture capital - backed firm growth [J]. British Journal of Management, 2021, (1): 1 - 21.

[317] STEIN J C. Rational Capital Budgeting in [J]. Journal of Business, 1996, 69 (4): 429 - 455.

[318] STEWART T A. Intellectual capital: THE new wealth of organizations [M]. New York: Bantam Doubleday Dell Publishing Group, Inc, 1997.

[319] STIGLITZ J, WEISS A. Credit rationing in markets with imperfect competition [J]. American Economic Review, 1981, 71 (3).

[320] STREBULAEV I A, ZHU H, ZRYUMOV P. Optimal issuance under information asymmetry and accumulation of cash flows [J]. Rock Center for Corporate Governance at Stanford University Working Paper, 2016 (164): 13 - 12.

[321] TAN Y, HUANG H, LU H. The Effect of Venture Capital Investment: Evidence from China's Small and Medium - Sized Enterprises Board [J].

Journal of Small Business Management, 2013, 51 (1): 138 – 157.

[322] TIAN X. The causes and consequences of venture capital stage financing [J]. Journal of Financial Economics, 2011, 101 (1): 132 – 159.

[323] TIAN X, UDELL G F, YU X. Disciplining delegated monitors: When venture capitalists fail to prevent fraud by their IPO firms [J]. Journal of Accounting and Economics, 2016, 61 (2 – 3): 526 – 544.

[324] UEDA M. Banks versus venture capital: Project evaluation, screening, and expropriation [J]. The Journal of Finance, 2004, 59 (2): 601 – 621.

[325] UTTERBACK J M, AFUAH A N. The dynamic "diamond": A technological innovation perspective [J]. Economics of Innovation and New Technology, 1998, 6 (2 – 3): 183 – 200.

[326] VISWANATH P V. Strategic considerations, the pecking order hypothesis, and market reactions to equity financing [J]. Journal of Financial and Quantitative Analysis, 1993, 28 (2): 213 – 234.

[327] WAHIDAHWATI W, ARDINI L. Corporate governance and environmental performance: How they affect firm value [J]. The Journal of Asian Finance, Economics, and Business, 2021, 8 (2): 953 – 962.

[328] WALD J K. How firm characteristics affect capital structure: An international comparison [J]. Journal of Financial Research, 1999, 22 (2): 161 – 187.

[329] WANG Z, ZHU W. Equity financing constraints and corporate capital structure: A model [J]. China Finance Review International, 2013 (3): 322 – 339.

[330] WANG Z W, WANG S M, ZHU W X. The regulation of the financing of stock markets, and the optimal capital structure of companies [J]. Management World, 2011 (2): 40 – 48.

[331] WARNE F K. Essays on the venture capital market [D]. Yale University, 1988.

[332] WELCH I. Seasoned offerings, imitation costs, and the underpricing of initial public offerings [J]. The Journal of Finance, 1989, 44 (2): 421-449.

[333] WESTON J F, BRIGHAM E F. Managerial finance [M]. New York: Dryden Press, 1978, (6): 268-313.

[334] WHITED T M, WU G. Financial constraints risk [J]. The Review of Financial Studies, 2006, 19 (2): 531-559.

[335] WILLIAMSON O. The Economic Institutions of Capitalism [M]. New York: Simon &. Schuster Inc., 1985

[336] WITT P, BRACHTENDORF G. Staged financing of start-ups [J]. Financial Markets and Portfolio Management, 2006, 20 (2): 185-203.

[337] WOOLRIDGE J R. Competitive decline and corporate restructuring: Is a myopic stock market to blame? [J]. Journal of Applied Corporate Finance, 1988, 1 (1): 26-36.

[338] WONG W C, BATTEN J A, MOHAMED-ARSHAD S B, et al. Does ESG certification add firm value? [J]. Finance Research Letters, 2021, 39: 101593.

[339] WU C H. On the moderating effects of country governance on the relationships between corporate governance and firm performance [J]. Journal of Risk and Financial Management, 2021, 14 (3): 140.

[340] XIE F. Managerial flexibility, uncertainty, and corporate investment: The real options effect [J]. International Review of Economics & Finance, 2009, 18 (4): 643-655.

[341] YIN X, HAI B, CHEN J. Financial constraints and R&D investment: The moderating role of CEO characteristics [J]. Sustainability, 2019, 11

(15): 4153.

[342] YU Q, YEN D A, BARNES B R, et al. Enhancing firm performance through internal market orientation and employee organizational commitment [J]. The International Journal of Human Resource Management, 2019, 30 (6): 964-987.

[343] ZHU J, YE J, TUCKER W, CHAN K C. Board hierarchy, independent directors, and firm value: Evidence from China. Journal of Corporate Finance, 2016, 41 (1): 262-279.

后　　记

　　本书是在我博士毕业论文的基础上加工完成的。时光荏苒，转眼间已经过去了一年，我依然怀念在母校度过的美好时光，其间所发生点点滴滴、刻苦铭心的经历，皆让我永生难忘。五年的求学生涯走得辛苦却也收获满满，在此书即将付梓之际，思绪万千，心情久久不能平静。

　　感谢一路走来陪在我身边的老师、同学、同事、朋友和家人，没有你们的支持、鼓励和帮助，我无法完成这段充满挑战和收获的学术旅程。回顾自己在南开大学的求学历程，彷佛步入了生命从播种到开花结果的时光长廊。从第一次电话询问如何报考博士研究生开始，不知不觉已经博士毕业了，感念自己何等荣幸且幸福地能在这美好环境中吸收新知、开发智慧，度过人生中最宝贵的青春时光，这是多么地令人珍惜与回忆的过往。

　　伟人、名人为我所崇拜，可是我更急切地想把我的敬意和赞美献给我的导师黄福广教授。我不是您最出色的学生，而您却是我最尊敬的老师。您治学严谨，学识渊博，思想深邃，视野开阔，在您的指导下正式开启了我学术科研之路。5年的读博生涯也正如您所言，确实也吃了不少苦。我时常为了论文选题抓耳挠腮，也时常因为压力过大而失眠，看着日渐稀疏的头发，我也曾不止一次怀疑自己当初的选择。每当我犹豫彷徨的时候，您就会鼓励我、安慰我，使我重新找到前进的方向。5年来，是您的悉心教导，使我接受了全新的思想观念，树立了宏伟的学术目标，领会了基本的思考方式。从论文题目的选定到论文写作的指导，经由您悉心的点拨，再经过我思考后的领悟，常常让我有"山重水复疑无路，柳暗花明又一村"的感觉。

　　感谢论文写作指导小组的齐岳教授、李莉教授、覃家琦教授、王永进教授在开题和预答辩期间给予的指点，你们渊博的学识、深刻的见解和犀利的提问让我深受启发，获益良多。感谢答辩委员会熊熊教授和买亿媛教授，你们中肯的建议和睿智的支持让我内心无比温暖，你们倡导的大爱人生、知恩图报、阳光生活的精神和观点让我终生受益，你们虚怀若谷、低调做人的态度是我终生学习的榜样和楷模。感谢我的同门贾西蒙师兄、贤龙师兄、邵燕师姐，还有刘臻轩师弟、胡孙阳师弟，在论文写作过程中给予我的无私帮助。感谢我的同学李园园博士、刘羿博士，我们携手并进，合作无间，至今令我难忘。感谢宝气 stata 创始人，何其有幸认识您，在我读博期间不厌其烦地帮助和教会我如何编写复杂的程序和命令。

此外，还要深深感谢中国民航大学经济与管理学院的各位领导和财务管理系的各位同事：许天牧书记、尹贻林院长、李国栋副院长、夏衍副书记和会计系同事孙新宪老师、励贺林老师、卫红老师、晁春余老师、邢有洪老师、卢丽娟老师、谢羽老师、郑海英老师、陈珩老师、吴中华老师、李小玉老师、马程程老师以及贺子聪老师的支持和帮助。非常荣幸能加入经管学院这个大家庭。在这里，学院领导为我们提供了良好的工作条件，同事们之间互帮互助，我很庆幸能够与一群充满热情和才华的老师一起工作、学习和成长。

感谢我的爸爸妈妈，焉得谖草，言树之背，养育之恩，无以回报。每当我遇到困难的时候，你们总是第一个给我鼓励的人。回顾30年来走过的路，每一个脚印都浸满他们无私的关爱和谆谆教诲，22年的求学之路，寄托着你们对我的殷切期望。你们在精神上和物质上的无私支持，坚定了我追求人生理想的信念。父母的爱是天下最无私的、最宽厚的爱，大恩无以言报，唯有以永无止境的奋斗，期待将来辉煌的事业让父母为之骄傲。感谢我的老公，作为一名军人，他始终在自己的岗位上恪尽职守，保家卫国，是我的骄傲与榜样。感谢我的公公婆婆，你们默默为我们的小家遮风挡雨，让我心无旁骛地投入学业中去，从而能追求自己的梦想。

总之，要感谢的人实在太多，谢谢大家一路陪伴与支持，此书的完成算不上有多大的成就，但人生因感恩而使生活更加美好！人生这条路很长，前途如清风明月般和畅，不必吝啬自己的付出。我们所谓十年寒窗的光阴，正是这种扎根，那些曾经熬过的夜，终会化成照亮前路的光！

柯迪
2023 年 5 月于中国民航大学